佛門千里馬

玄奘

盧宣妃　著

三民書局

獻給孩子們的禮物

主編的話

世界上最幸福的孩子，是他們一出生就有機會接近故事書，想想看，那些書中的人物，不論古今中外都來到了眼前，與他們相識，不僅分享了各個人物生活中的點滴，孩子們的想像力也隨著書中的故事情節飛翔。

不論世界如何演變，科技如何發達，孩子一世幸福的起源，仍然來自於父母的影響，如果每一個孩子都能從小在父母親的懷抱中，傾聽故事，共享閱讀之樂，長大後養成了閱讀習慣，這將是一生中享用不盡的財富。

三民書局的劉振強董事長，想必也是一位深信讀書是人生最大財富的人，在讀書人口往下滑落的多元化時代，他仍然堅信讀書的重要，近年來，更不計成本，連續出版了特別為孩子們策劃的兒童文學叢書，從「文學家」、「藝術家」、「音樂家」、「影響世界的人」系列到「童話小天地」、「第一次」系列，至今已出版了近百本，這僅是由筆者主編出版的部分叢書而已，若包括其他兒童詩集及套書，三民書局已出版不下千百種的兒童讀物。

劉董事長也時常感念著，在他困苦貧窮的青少年時期，是書使他堅強向上，在社會普遍困苦，而生活簡陋的年代，也是書成了他最好的良伴，他希望在他的有生之年，分享這份資產，讓下一代可以充分使用，讓親子共讀的親情，源遠流長。

「世紀人物100」系列早就在他的關切中構思著，希望能出版

孩子們喜歡而且一生難忘的好書。近年來筆者放下一切寫作，接下這份主編重任，並結合海內外有心兒童文學的作者共同為下一代效力，正是感動於劉董事長致力文化大業的真誠之心，更欣喜許多志同道合的朋友，能與我一起為孩子們寫書。

　　「世紀人物100」系列規劃出版一百位人物故事，中外各占五十人，包括了在歷史上有關文學、藝術、人文、政治與科學等各行各業有貢獻的人物故事，邀請國內外兒童文學領域專業的學者、作家同心協力編寫，費時多年，分梯次出版。在越來越多元化的世界中，每個人都有各自的才華與潛力，每個朝代也都有其可歌可泣的故事，但是在故事背後所具有的一個共同點，就是每個傳主在困苦中不屈不撓，令人難忘的經歷，這些經歷經由各作者用心博覽有關資料，再三推敲求證，再以文學之筆，寫出了有趣而感人的故事。

　　西諺有云：「世界因有各式各樣不同的人群，才更加多采多姿。」這套書就是以「人」的故事為主旨，不刻意美化傳主，以每一位傳主的生活經歷為主軸，深入描寫他們成長的環境、家庭教育與童年生活，深入探索是什麼因素造成了他們與眾不同？是什麼力量驅動了他們鍥而不捨的毅力？以日常生活中的小故事，來描繪出這些人物，為什麼能使夢想成真。為了引起小讀者的興趣，特別著重在各傳主的童年生活描述，希望能引起共鳴。尤其在閱讀這些作品時，能於心領神會中得到靈感。

　　和一般從外文翻譯出來的偉人傳記所

不同的是，此套書的特色是，由熟悉兒童文學又關心教育的作者用心收集資料，用有趣的故事，融入知識，並以文學之筆，深入淺出寫出適合小朋友與大朋友閱讀的人物傳記。在探討每位人物的內在心理因素之餘，也希望讀者從閱讀中，能激勵出個人內在的潛力和夢想。我相信每個孩子在年少時都會發呆做夢，在他們發呆和做夢的同時，書是他們最私密的好友，在閱讀中，沒有批判和譏諷，卻可隨書中的主人翁，海闊天空一起遨遊，或狂想或計畫，而成為心靈知交，不僅留下年少時，從閱讀中得到的神交良伴（一個回憶），如果能兩代共讀，讀後一起討論，綿綿相傳，留下共同回憶，何嘗不是一幅幸福的親子圖？

2006 年，我們升格成為祖字輩，有一位朋友提了滿滿兩袋的童書相送，一袋給新科父母，一袋給我們。老友是美國國家科學院院士，曾擔任過全美閱讀評估諮議委員，也是一位慈愛的好爺爺，深信閱讀對人生的重要。他很感性的說：「不要以為娃娃聽不懂故事，我的孫兒們一出生就聽我們唸故事書，長大後不僅愛讀書而且想像力豐富，尤其是文字表達能力特別強。」我完全同意，並欣然接受那兩袋最珍貴的禮物。

因為我們同樣都是愛讀書、也深得讀書之樂的人。

謹以此套「世紀人物 100」叢書送給所有愛讀書的孩子和家庭，以及我們的孫兒——石開文，他們都是世界上最幸福的孩子，因為從小有書為伴，與愛同行。

努力負責的快樂人生

大約一年前，我將《佛門千里馬：玄奘》的完稿交給三民書局的編輯之後，我就繼續忙碌我的生活，尤其是那年後半年特別忙碌，我一面回到校園繼續學業，一面工作，又在學期中與交往十二年的男友舉行簡單隆重的婚禮。當接到編輯電話告知此書即將出版的時候，正是公公邱延齡老先生臥病在床、我的學期報告兩頭燒的日子，因此剎那間，我幾乎忘記還有這本書了。沒想到待接到校稿數日後，公公竟就撒手人寰，以八十高齡離開人世，此時重新翻閱此書，真叫人感受深刻。

玄奘自從十三歲奠定志向要發揚佛法、救助世人之後，就傾其一生、毫不猶疑的往自己的目標前進。雖然在數十年歲月中，他不時遭受困難，甚至幾度瀕臨死亡邊緣，也從沒懷疑過自己的方向、從不計較個人得失。短短一生中，他完成了中國佛教史上的偉大事業，遺澤廣被，受人敬念至今。

而公公邱延齡老先生，成長於戰亂之中，對日抗戰時曾投入「青年軍」，後因時局混亂，於 1949 年離開家人，獨自來臺定居；在八二三炮戰被炮彈擊傷頭部，生死存亡之際，幸運獲救。之後，他進入杏壇服務三十多年，並與婆婆為撫養三個

小孩，辛苦兼差、努力不輟。

玄奘與公公其實正代表著兩種不同的人生。

表面看來，公公的經歷不若玄奘轟轟烈烈，貢獻也不及玄奘的千分之一，但就生命內涵來講，兩個看似不同的人生，卻反映了相同的態度，那就是對人生的負責。由於玄奘對自己的誓言與信念負責，努力面對所有困難，造就了成功的人生，服務了眾多的人；公公則因對家人和自己負責，不向現實低頭，終於成就了三個小孩與自己的人生。玄奘與公公的貢獻雖然有大有小，但就兩人所體現出的人生價值，卻是不分上下，同樣令人感佩的。

換句話說，作者阿姨想告訴大家的是，每個人從一出生就有不同的際遇，有人大富大貴，有人孤苦一生；一輩子能完成多少事情、能為大眾奉獻多少，也不是我們能預計的，但若我們願意負責，不計較得失成敗，努力朝目標邁進，這樣絕對可以期許自我人生的成功與圓滿。

但誠實面對人生，努力為自己的決定負責，看似簡單，卻是我們必須窮盡一生學習的。比方說，我們可能為了偷懶，沒有好好做功課，也可能一時貪玩，忘記爸媽對我們的要求，這些看來都是小小的問題，卻會在成長過程中慢慢變成我們的習慣。長大後，我們可能因此變得無法對自己的

工作、老闆負責，對自己的家庭、國家盡責。也由於對自己的未來沒有期許，對生命充滿疑慮，漸漸的，就可能在挫折中退縮，繼而找不到人生方向，終生抑鬱寡歡、失落以終。所以，一個小小的觀念、一種小小的態度，卻會左右我們的人生、改變我們的命運，因此怎能說小小的偷懶、貪玩只是小問題，長大後再改就好了呢？

雖然我們也許無法像玄奘成為一個偉大的人，但如何在有限的時間中，為自己創造無限的價值，卻是我們可以努力達成的目標。就像我的公公及全天下的父母一樣，他們費盡心力，就是為了照顧子女、盼望子女好好成長，擁有幸福的快樂人生，因此我們其實就是父母的人生價值、貢獻的具體體現！

人的一生不過數十年歲，轉眼，就到了白髮蒼蒼，追憶往事的年紀，倘若到老才發現自己一生如白紙一張，空白而無可紀錄，那就真叫人感慨萬千了！

所以作者阿姨想跟大家一起加油。我們的未來會遭遇許多困難，我們的生活也到處充滿挫折，但我們絕對可以在努力負責的態度中，創造出豐富、美麗的快樂人生！你是不是跟阿姨一樣，有個夢想等著去實現呢？讓我們從現在起，一齊努力，為自己的未來勇敢負責吧！

僅以此書獻給天上的公公

邱延齡老先生與為我操煩甚多的母親游素梅女士，希望公公在極樂世界能悠遊自在，但願母親在俗世能輕鬆圓滿！祝福大家幸福快樂！

寫書的人

盧宣妃

臺大藝術史研究所博士生。喜歡大樹、小花、發牢騷，以及瑣瑣碎碎卻生機無限的每一天。

若要介紹她有什麼優點的話？她應該很為自己的笑容及螞蟻般的努力態度感到驕傲。因為不論何時，她總希望以快樂的心情去面對所有的事，也期待自己隨時保持在辛勤耕耘的狀態下。所以每當她開懷大笑、努力工作時，都清楚意識到自己的存在與價值。

佛門千里馬

玄奘

玄　奘

602～664

故事開始之前

　　聽說過《西遊記》裡，騎著白馬，前往西天取經的唐三藏嗎？這個看來個性溫和又優柔寡斷的唐三藏，在前往「西天」 ＊途中，總是遇到各式各樣的困難和危險。這主要是因為所有的妖魔鬼怪，都用盡辦法想把唐三藏抓來吃，希望藉由吃他的肉，來增進自己的功力，讓自己長生不老。這整段旅程若不是英勇的孫悟空有七十二變可以化險為夷，以及豬八戒、沙悟淨二人的誠心保護，我們實在很難想像膽怯的唐三藏，可以平安抵達天竺，完成使命。

　　在中國歷史上，唐代初年也確實有一位偉大的僧人，曾經隻身前往印度取經，他就是大名鼎鼎的玄奘法師。事實上，《西遊

記》裡的主角唐三藏就是玄奘法師的化身，但與《西遊記》非常不同的是，現實世界中的玄奘法師，擁有非凡的智慧與勇氣，二十出頭，就被認為將會是光耀佛門的千里馬。後來為了繼承釋迦牟尼＊的宏願，他在唐太宗貞觀元年（627年）動身前往印度取經，經過十八個年頭（645年），才又回到唐代的首都長安。這段旅程往返將近有一萬七千公里，也就是大約從臺北到高雄來回走二十五趟，或約沿著地球赤道走五分之二圈，距離非常遙遠。而旅途中，到處充滿危險，不僅許多地方都是人煙罕至的沙漠、冰雪覆

放大鏡

＊**西天** 指的是天竺，也就是現在的印度。古時候對印度有很多種稱呼，例如身毒（ㄐㄩㄢ ㄉㄨˊ）、賢豆、婆羅門國等等。後來玄奘在他所寫的《大唐西域記》中，依照印度的發音，把它譯成中文的「印度」二字。

＊**釋迦牟尼** 是創立佛教的人。大家尊稱他為「佛陀」，指的就是已經開悟，能夠了解人生、宇宙大道理的人。

蓋的高山，沿途也經常有盜匪出沒。這樣的旅行，絕非經常搭乘火車或汽車旅遊的我們，所能想像，尤其是在將近一千五百年前的時空之下。

玄奘獨自穿越「莫賀延磧」的流沙河時，險些喪命；在印度，又差點被信仰不同宗教的異教徒給殺來祭神。他在西行過程幾度徘徊於生死邊緣的故事，雖然與《西遊記》裡的幻想情節有很大的出入，但事實上，現實世界中所遇到的困難，卻往往比小說中的想像更為險惡，畢竟玄奘身邊並沒有三個武功高強的徒弟可以隨時保護他。儘管如此，玄奘依然憑著自己堅強的毅力克服萬難，抵達印度，並在這裡努力研究佛學，最後還成功的將佛經帶回大唐帝國。也因此，這段真實歷史中所出現的各種冒險鏡頭和異國的風俗趣味，比起《西遊

記》的精采片段，實在一點都不遜色。

　　既然前往印度的路途這麼危險，為什麼玄奘非要到那麼遙遠的地方去取經呢？說到這兒，我們就要從玄奘立志出家的時候說起了，而那時候的他，名叫陳褘。

1

年少不凡的小沙彌*

小小陳禕的偉大志向

這一年，陳禕才十三歲*，因父母都已過世，所以他遠從家鄉來到洛陽，跟著出家的二哥長捷法師*研讀佛經。雖然陳禕學習佛法的時間只有短短兩年，但

放大鏡

*沙彌　是印度話的翻譯。在佛門中，一般將二十歲以前出家的人，男的稱為沙彌，女的稱為沙彌尼。沙彌兩字，原來就具有止息罪惡、學習慈悲的意思，而這也是沙彌們在修行上最重要的功課。

*玄奘出生的年代，有很多種說法。這一方面是因為古時候不像現在有戶政事務所，會將我們的出生日期、戶籍資料登記得清清楚楚；另外，也因為玄奘不是出生在大富大貴的人家，因此當時的人對他的出生，並沒有那麼重視。但玄奘過世時，他已是個名聞天下的大法師，所以他過世的這件事，就被記錄在歷史上。雖然目前對於玄奘的出生年代有很多種說法，但大部分的人，都採取他出生在隋文帝仁壽二年（602年），過世於唐高宗麟德元年（664年）的這個說法。

*玄奘共有三位哥哥、一個姐姐，但歷史上只記錄長捷法師的大名，以及姐姐嫁給河北張姓人家的事，至於其他兄姐的正確名字我們已無法得知。

他對佛法已產生濃厚的興趣。而這時候，正是隋煬帝統治中國的時期。

隋朝的皇帝篤信佛法，因此佛教在當時非常興盛，到處都設立了許多佛寺、佛塔或佛像，單單隋煬帝的父親隋文帝在位的二十四年間，就建造了近四千所佛寺和一萬六千多尊佛像，也就是二十四年平均下來，每天可以蓋半間佛寺、雕塑二尊佛像。這樣快速的建造速度，實在非常驚人。

但也就是因為當時佛教如此興盛，所以出家的人非常的多。例如隋文帝時，由國家剃度的僧尼就有五十多萬，其中還包括不少深富才學、飽讀詩書的年輕人。隋朝政府為了管理為數眾多的出家人，還在各地特別設置「僧官」，來處理僧侶、尼姑的事務。

　　陳禕十三歲的這一年，隋煬帝頒布法令，想從全國招選二十七人，由國家為他們剃度。這個消息一經公布，就像現在國家舉辦的入學考試一樣，吸引了非常多的優秀青年報名參加，大家都想接受國家的栽培，好好修行。陳禕雖然小小年紀，但也和大家一樣，希望獲得這個千載難逢的好機會。

　　可是他的年紀實在太小，根本還不到可以報名參加考試的年紀，雖然如此，報名的那一天，陳禕不死心的站在官署門口，任憑別人怎麼驅趕，就是不肯離去。

　　這時候，作為主考官之一的大理卿※鄭善果剛從外面回來，看到這個長相清秀、神采不凡的

※大理卿　為國家最高審判機構「大理寺」的長官。

小孩，從幾個小時前，他出門辦事時就站在門口，怎麼現在還在呢？於是鄭善果好奇的走向前去，問說：「小朋友，你是哪家的小孩？怎麼不回家呢？」

陳褘回答說：「我叫陳褘，父母早已過世，現在跟著二哥長捷法師住在淨土寺，學習佛典。」

「我看你一直站在這裡，難道你想報名參加剃度僧侶的考試嗎？」

「是的！但因為我接觸佛法的時間太短，所學有限，加上年紀太小，所以他們不讓我報名。」

鄭善果一聽，感覺十分有趣，這麼小的小孩竟然想出家當和尚，因此他帶著好玩的口氣問說：「你年紀這麼小，出家是為了什麼呢？」

沒料到陳褘聽到這一問，立刻挺起胸膛，兩眼炯炯有神的看著鄭善果說：「我想要繼承釋迦牟

尼佛的宏願，將佛法發揚光大，救助世人！」

鄭善果聽到小小年紀的陳禕竟有如此偉大的志向，極為驚訝，也感到非常佩服，因此決定破例錄取他。

鄭善果還對其他同僚說：「一個人會讀書不難，但能夠擁有高尚的情操卻不是件容易的事。今天這個小孩如此不凡，他若出家為僧，將來必定對佛門有重大貢獻。雖然以我們的年紀，也許無法看到那一天，但一定要鼓勵他，給他這個機會！」

鄭善果的一席話，讓陳禕終於在淨土寺落髮，成為小沙彌，並取了個法號，叫做「玄奘」。

出了家的玄奘，只是個小沙彌。小沙彌要負責的工作，大多為打掃、灑水、煮飯等日常瑣事。此外，就像小時候父母親要我們背誦《三字經》、唐詩，或

古代讀書人要學習《論語》、《孟子》這類的聖賢書一樣，在佛教中也有許多重要的佛經，是出家人一定要熟悉的經典，例如《心經》、《阿彌陀經》等等，而這也是小沙彌們必須學習的功課。

玄奘雖然只是個小小沙彌，但他出身書香門第，八歲時，就曾跟隨父親研讀過《孝經》等古籍，因此他的文學基礎和領悟力使他在學習佛教經典時，絲毫沒有困難＊。尤其他才智過人，許多經典只要授課法師講解一遍，他就可以大致了解全部的意義，

放大鏡

＊玄奘是陳留這個地方的人，也就是今天的河南省陳留縣。住在這裡的玄奘一家，世世代代都是讀書人，他的曾祖父與祖父都曾經在朝為官，父親陳慧也是飽讀詩書、品德清高的士人。但因為陳慧生性恬淡，不想進入人際關係複雜的官場，所以他決定留在故鄉，致力於研究古代經典。也因為如此，玄奘在很小的時候就由父親身兼老師，督促他閱讀古書，努力學習古人用心向學的精神。

而經過複習之後，他對於書中的內容，就能夠全然融會貫通。於是當大家對經典有不明白的地方，就會請玄奘坐上師父的位子再講解一遍，玄奘不僅能將師父所教導的內容一一傳述、清楚解釋，他講解時的聲音也極為清晰優美。如此傑出的表現，使得玄奘聲名大噪，而這時候的他，卻僅僅只有十五歲。

　　雖然寺院內的生活極為愜意、清幽，但這時候，寺院外的世界卻正處於兵荒馬亂之中，因為隋朝即將要滅亡了！由於隋煬帝治國荒淫無道，百姓生活極為困苦，各地不僅聚集了許多盜匪，四處的叛亂也不時發生。社會既然如此不平靜，佛門這塊清淨之地，自然也漸漸難以維持清淨了！

　　玄奘雖然年紀還小，但看到這樣的景象，就對長捷法師說：

「洛陽雖然就像是我們第二個家鄉，但現在這裡如此混亂，我們絕不能坐以待斃！聽說唐王李淵正起兵平定各地叛亂，首都長安現在也已安定，天下百姓都臣服於他，乾脆我們一起去長安投奔唐王吧！」於是兄弟倆收拾包袱，動身前往長安了！

大江南北拜訪名師

　　長捷、玄奘兩兄弟好不容易抵達長安，但此時正是中國面臨改朝換代的時刻，也就是由唐朝取代隋朝統治中國的時候。由於唐朝才剛建國，各地動亂尚未平息，作為首都的長安也還在整頓之中，因此長安根本不可能提供兩兄弟一個可以安靜修行、學習佛法的地方！

　　就在兩人不知如何是好的時候，傳來一個消息，聽說因為天下大亂，各地高僧都已經遷往綿

地和蜀地避禍。於是兩兄弟商量了一下，決定轉往位在中國西南的蜀地，尋找可供修行的場所。

綿地和蜀地，指的是現在四川省的綿陽縣和成都市，這裡自古以來就有「天府之國」的美稱。那是因為四川四面環山，地勢險要，若遇到戰爭，敵人不容易攻下這裡；另外，四川土地肥沃，十分富庶，就像天上一樣，是個鳥語花香的好地方。但也就因為四川的地勢如此高拔、險峻，長捷、玄奘兩兄弟，可得大費一番心力，翻山越嶺，才到得了這個地方。

兩兄弟走在前往四川的路上，突然之間，玄奘叫了出來：「你看！前面不是慧景法師嗎？師父！師父！」玄奘高興的朝慧景法師跑過去，合掌問訊*。

*問訊　是學佛人之間互相打招呼的一種方式。

「哎呀！原來是玄奘啊！怎麼那麼巧，在這兒遇見你？」

慧景法師怎麼也沒想到，在亂世之中，還能遇到以前的弟子，心裡真是高興極了。

「師父，因為天下尚未安定，我們正打算前往蜀地去，看看有沒有可以掛單＊的佛寺！師父您呢？」

「我也正要和同伴一起到蜀地去呢！能看見你們平平安安的，真是太好了！呵呵呵呵！」

原來兄弟倆在旅途中，巧遇的是以前淨土寺的講經師父慧景法師，於是他們決定四人結伴同行，不僅在旅途中可以互相照應，玄奘和長捷還可以就近向慧景請益。

古人說：「蜀道難，難於上青天」，慧景和玄奘老老少少的這段旅程，果真辛苦。但不久之後，一行人終於平安抵達蜀地，

住進空慧寺，開始他們在四川的新生活。

　　就像之前所說，許多精通佛法的高僧都避居到四川來了，因此這時候四川各地的佛寺，經常舉辦各種法會或講解佛法的法筵＊，來教導年輕的僧侶。每場講座，總有數百人前往聽講。這種情形對於好學不倦的玄奘來說，實在是不可多得的好機會，他把握所有能參與的盛會，到處聽講佛法，努力學習。

　　二、三年之後，玄奘對各種基本的佛教經典，都了解得差不多了，並且他和哥哥長捷也因為好學不倦與品格端正，在四川佛教界享有小小名氣。不少人一提

放大鏡

＊掛單　有些出家人為了修行而周遊各地，他們向各地的寺院借住、投宿，就是所謂的掛單。
＊法會和法筵都是講解佛法的集會，但法會大多還包括超度、消災等法事。

17

起這對兄弟，總不由得豎起大拇指，對他們讚譽有加！

時光飛逝，轉眼就到了武德五年（622年），這時候的玄奘已經是個二十一歲的小夥子，他終於可以接受「具足戒」＊，成為一位正式的出家比丘＊！

成為比丘的玄奘，其實已經可以到處弘揚佛法、普渡眾生。雖然如此，玄奘卻深深覺得佛法浩瀚，學無止境。於是對自己說：「我必須離開四川，到中國各地繼續學習我所不懂的佛學理論，充實自己！」

既然心中已經決定，玄奘就對長捷法師提出自己的計畫。剛開始，長捷一直想把玄奘留在身

放大鏡

＊具足戒　是成為一位比丘、比丘尼所必須遵守的所有戒律，所以接受具足戒的沙彌，也就成為一位正式的出家人了。

＊比丘　是個由梵音（印度語）翻譯過來的稱呼，指的是男性出家人，而女性出家人則叫做比丘尼。

　邊，但不久之後，他終於同意玄奘的想法，讓他離開四川。因此玄奘告別了慧景、長捷，和其他的佛門師長、朋友，搭上離開四川的船，順著長江而下，開始了他另一階段尋訪名師的旅程。

　玄奘出了四川的第一站，是今天的湖北省江陵縣，也就是唐代的荊州。雖然才二十出頭，但玄奘在四川的名聲，早已傳遍各地，當他抵達荊州的時候，那裡的出家人和在家居士＊，紛紛請他開壇講經，傳授佛道。甚至連當地的統治者漢陽王，都親自來拜訪玄奘，聆聽他的開示＊。玄奘不僅清楚講解佛經的內容，對於各種提問，也一一詳答，所有人看到這位年輕比丘的不凡表現，都不由得對他投以讚嘆的眼光，漢陽王更賞賜不少衣物來供養這位年輕法師，但玄奘全都予以婉謝。

　　結束了在荊州的弘法之後，玄奘轉赴北方各地尋訪名師。他到過相州、也去了趙州，最後他回到長安，向法常、僧辯等幾位法師學習。玄奘所請教的這些師父，都是當時首屈一指的得道高僧，而玄奘的努力與悟性，也讓這些高僧驚訝不已。如法常與僧辯就曾對玄奘說：「你真是『佛門中的千里馬』＊！將來要發揚佛陀的精神，就全靠你了！」

　　由於獲得高僧的讚譽，玄奘的聲名因此傳遍整個長安城，所有人都對他另眼相看。雖然如此，玄奘心中卻藏了一個巨大的

放大鏡

＊居士　比丘或比丘尼，是屬於出家修學佛法的人。而對於居住在家有心修行的人，則稱他們為居士。

＊開示　當我們參加法會或去拜訪某位法師時，法師總會為我們講解一些佛經的內容，或告訴我們一些做人處世的大道理。一般我們將法師這樣的傳法，稱為開示。

＊千里馬在一日之內可以跑千里遠，是所有馬類中最優秀的品種，因此自古以來，就被用來稱讚年輕有為的人。兩位法師在這裡用「千里馬」形容玄奘，就是稱讚玄奘是一位優秀的佛門弟子。

疑問，而這個疑問，正隱隱催促著他，踏上西行印度的旅程。

青年玄奘的疑問

受到高僧鼓舞的玄奘，可說已獲得大家的肯定，但他卻因為遠赴各地拜訪老師、精進修行，而逐漸在心中產生一個疑問。

他納悶的是，雖然他向那麼多位高僧請益，但這些高僧對於同一部經典的解釋，總是不太相同，甚至連他們所讀的同一部經典，在內容上也經常有不一致的情形，有時是這本多兩句，那本少一段，有時對照兩本書，又有前、後句位置不同的情況。這樣如何能確定自己所讀的書、所理解的佛理，是正確無誤的呢？

原來，佛教的起源地是印度，所以當時中國使用的佛經，原本都是用印度的語文或西域的文字所寫成。直到漢代，佛教東

傳到中國之後（西元元年前後），才逐漸有中文翻譯的佛經出現。

但這些中文佛經，經常因為翻譯者對印度文不熟悉，使得翻譯的佛經與梵文的意義有很大出入，甚至會出現多一段、少一句的情形。另外，古時候沒有電腦和影印機，所有的書籍都必須用手一一抄寫，在謄抄的過程中，也難免會出現抄錯的情況。

因此當講解的師父無法親自閱讀梵文佛經，了解原文經典的意義時，他所傳授的內容就沒辦法傳達出佛陀思想的精確內涵，甚至可能有錯＊！

放大鏡

＊釋迦牟尼佛在世的時候，曾為他的弟子上過很多課，講解許多人生、宇宙的大道理，和解決困難的方法。他所說過的話在他過世之後，由弟子們用文字記錄下來，也就成為今天我們所看到的佛經。所以佛經所傳授的，就是釋迦牟尼佛的思想，也就是佛教的重要經義。而玄奘擔心的是，如果在中國閱讀到的佛經和釋迦牟尼佛當初講的話是不一樣的，那麼他對佛經的解釋，可能就不是釋迦牟尼佛想要傳達的思想和內容了。

　　一天晚上，玄奘來到佛堂拜佛。他坐在蒲團上想：「佛教起源於印度，從釋迦牟尼成佛以來，經過這麼久，才將佛教傳到中國。幾百年來，雖然已有佛經被譯成中文，但畢竟只是梵文佛經中的少數，而許多佛經在翻譯的過程中，已經失去原來經典的意義。如果我只停留在研究這些中文翻譯的佛經上，我如何能真正了解釋迦牟尼佛的思想？又怎能繼承他的誓願呢？」

　　想到這裡，玄奘深刻的體認到，他一定要前往佛教的發源地──印度，去追求佛學理論所要傳達的真正意涵。唯有這樣，他才能實踐當初立志出家，企圖光大佛教的願望。尤其當他想到東晉的高僧法顯，在六十五歲高齡才動身前往印度，甚且成功帶回許多經典，為中國佛教貢獻了偉大的心力。既然如此，年紀輕輕

的自己，當然更要追隨歷代高僧
的腳步，繼續努力才是！

2 不怕危險西行 求法的玄奘法師

朝廷的阻止

　　下定決心要到印度求學的玄奘，開始四處尋找願意一同前往的夥伴。好不容易在唐太宗貞觀元年（627年），玄奘二十六歲時，集合了一群人，向朝廷表達希望前往西方求學取經的想法。不料，因國家才剛安定下來，對國界的防衛特別小心，朝廷不允許人民跨越邊界到國外旅行。這個法令讓玄奘他們大失所望，而原本願意和他一同前往的人，看到國家並不支持，就陸陸續續打了退堂鼓，尤其一想到前往印度的旅途可能遭遇的各種危險，這些人就更退縮不前。最後，又只剩玄奘獨自一人了。

　　說到這兒，我們先來看一

下，玄奘從長安出發所要前往的印度，究竟位於什麼地方？為什麼大家都那麼害怕前往印度呢？

原來，印度是位在中國西南方、喜馬拉雅山腳下的一個地區。它的面積非常廣大，與喜馬拉雅山相接的部分，天氣較為寒冷，但越往南方過去，天氣就越炎熱。大唐時候的印度，由七十幾個國家組成，這裡的人，高鼻大眼，經常用一整塊布把身體圍起來當成衣服，大多赤腳，很少穿鞋，另外，印度人還喜歡把自己的牙齒染成紅色或黑色，來裝飾自己。

這裡的人民具有相當的宗教熱忱，不少宗教，像是佛教、耆那教或印度教等，都發源於此。而唐代的印度，佛教尚稱鼎盛，以培養佛學人才聞名於世的「那爛陀寺」，更是當時全世界最大的佛教大學。玄奘此行的最主要

目的之一，就是進入那爛陀寺，接受嚴格的佛學訓練。

簡單來說，玄奘由中國前往印度的方式有兩種：第一是搭船走水路；第二是從中國西邊出發，繞經西域，步行前往。玄奘選擇的，是第二條路。

西域是哪裡呢？西域指的就是中國西邊的那一大塊地方。唐初的疆域，只到甘肅敦煌一帶，過了敦煌，就算出了國界。國界以西的部分，有高昌國、樓蘭、與迦畢試國等許許多多的小國家，這些國家分別位於今天的西藏、新疆，以及阿富汗、巴基斯坦等境內。他們的地理環境，有的是在廣大的沙漠裡，有的則在冰冷的高山上，國與國之間，經常隔著許多冰雪覆蓋的山巔或寸步難行的山路。自古以來更有各式各樣的傳說，將西域形容成充滿妖魔鬼怪的地方。因此我們不

難想像，如果玄奘獨自前往這些陌生的國度，不僅語言不通，生活習慣也大不相同，或許他還沒到達印度，就已經被扣留在沿途的任何一個國家。更可能的是，因為水土不服而死在半路上。所以前往西域在當時來說，其實是一件非常危險的事。

除此之外，西域不論土地或氣候，都遠不如中國來得肥沃、溫和。長期以來，西域的民族一直想在中國的土地上建立自己的國家，所以他們經常發動戰爭，入侵中國邊境，這對於才剛建國的大唐來說，實在是相當可怕的威脅。

雖然前往印度的旅程如此險惡，而且只有玄奘獨自前往，但他卻一點都不退縮，仍舊堅持自己的理想，開始計劃所有的事。為了應付路程的艱難，玄奘以苦行僧的修行方式鍛鍊自己；為了

到達印度之後能夠聽懂印度語言、看懂印度文字，玄奘也積極為自己安排語言課程。

講到這兒，不禁讓人聯想到一個小故事。聽說玄奘出生時，他的媽媽曾做過一個夢，這個夢，預示了玄奘長大將會西行取經的徵兆。

夢中的小玄奘穿著白衣，往西邊的方向一步步走去。玄奘的媽媽看到兒子的身影越來越遠，不禁急得大聲問他：「我的小兒子！你要到哪兒去呀？」

玄奘回答說：「我要到西天取經！」

雖然有這夢徵，但到了貞觀元年八月左右，朝廷仍不准玄奘出境。玄奘經過幾夜反覆思考之後，決定不再等，他必須採取違法偷渡的方式前往印度。但這一來，他就成為國家的要犯了！

就在玄奘決定偷渡的同時，

他也做了一個夢……。

他夢到，一個夜晚，遠遠的，有一座神聖的蘇彌盧山*漂浮在海面上。這座山是由各種寶石所做成，所以在黑暗中，仍閃耀著五彩亮麗的光芒。玄奘想爬到山頂，但浪濤很大，海水也非常洶湧，雖然玄奘身邊沒有船，可以載他往山的方向過去，但他下定決心，一定要登上蘇彌盧山。

突然之間，他看到腳邊的海水中，浮起一朵朵的石蓮花，他每踏上一朵，往前跨步，後面的蓮花隨即跟著消失。就這樣，玄奘靠著腳邊浮出的石蓮花，一步步的往蘇彌盧山接近。不一會兒，他就來到山腳下了。

放大鏡

*蘇彌盧山 是佛教傳說中的一座聖山，這座山也稱為須彌山或妙高山。據說此山是由金、銀、琉璃、水晶四種寶石打造而成，它不僅是全世界最高的山，也位在全世界的中心。

　　蘇彌盧山的山勢非常陡峭，玄奘想要爬上去，卻怎麼也上不去。後來，他試著往山上跳，這時一陣強風颼來，「呼！」的一聲，竟把他吹到山頂。上了山頂的玄奘往下望去，周遭非常寂靜、空曠，他的內心，感到舒服極了。

　　就在此時，玄奘高興的從睡夢中醒來。心想:「這真是一個吉祥的徵兆啊！好像是在告訴我，一定可以順利抵達印度！」

　　是的，這個夢境似乎是告訴玄奘，他一定能征服旅途的種種困難，平安抵達如寶山一般，擁有許多佛教經典與佛學理論的印度！想到這裡，玄奘心裡不由得感到十分安心，於是他正式動身，踏上前往印度的旅程！

違抗命令也要偷渡

　　既然決定偷渡出境，玄奘就

必須趁著夜晚，偷偷離開長安。在一路輾轉躲避官兵之後，終於來到國界旁的瓜州。但萬萬沒想到，他要前往印度的事，還是讓朝廷給知道了，才到瓜州不久，這裡的官府就收到追捕他的通告。上面寫著：「有個叫玄奘的出家人，打算私自越過邊境，前往西域。各地官府請嚴加注意，務必將他逮捕到案。」

其中有一位官吏，名叫李昌，是個虔誠的佛教徒。他在往來瓜州的陌生人中，發現了一個面孔生疏的出家人。於是他懷疑，這個人可能就是朝廷正在追捕的僧侶。

李昌來到玄奘落腳的旅店，找到了他，拿出通告問玄奘說：「請問，您是這通告上所寫的人嗎？」

玄奘被這麼一問，猶豫了一下。李昌看到這種情況，心裡已

明白了七八分：「請法師一定要告訴我實情，我會幫助您的！」

聽到李昌這樣說，玄奘才將自己立志前往印度的原因告訴李昌。李昌聽了之後，極為感佩眼前的這位法師。就對玄奘說：「法師，弟子十分敬佩您的決心，弟子就當作沒見過您，不上報朝廷了，但請法師一定要盡速離去，以免被其他官兵抓到。」

李昌一說完，隨即將手上的通告撕得粉碎，向玄奘一拜後，就轉身離開。

玄奘買了馬，謹記李昌的提醒，準備趕快離開，但他卻找不到可以帶他前往西域的人。不久，正巧有個胡人＊走進玄奘掛單的佛寺中禮佛，他看到玄奘，

放大鏡

＊**胡人** 指的是來自西域或中亞的外國人。當時有不少胡人到中國來做生意或留學，因此那時候的長安就像個國際大都會，隨時可在路上看到高鼻子、大眼睛的外國人。

很有禮貌的朝玄奘問訊，玄奘看他如此多禮，就與他聊了起來，並問明他到佛寺的緣由。胡人回答說：「我姓石，名叫槃陀。一直很希望有機會能親近佛法，但總沒機會遇到法師可以為我傳授戒律。沒想到，今日很幸運能遇見您，請問法師可以為我傳授『五戒』＊嗎？」

玄奘聽了，十分高興的朝他點頭。玄奘為石槃陀授完五戒之後，石槃陀便回去拿了許多糕餅來供養玄奘。玄奘看他態度極為恭敬，就將自己打算前往西域的事告訴石槃陀，並請問他，是否願意幫自己帶路。沒想到石槃陀一口就答應下來，玄奘非常高

放大鏡

＊五戒　指的是不殺生、不偷竊、不說謊、不喝酒，以及不過不道德的生活等五條戒律。信仰佛教的人在皈依之後，一般會再接受法師所傳授的五戒，以提醒自己作為一個學佛者，所不應該違犯的錯誤。

興，趕忙將身邊的衣物賣掉，替石槃陀買了一匹馬。

第二天太陽快下山時，玄奘趁著天色昏濛，偷偷躲到草叢裡。過一會兒，石槃陀和一個騎著又老又瘦的紅馬的胡人，往草叢這邊過來。

兩人下馬後，石槃陀對著玄奘說：「這位老先生非常熟悉前往西域的路，因此我請他一起來商量商量。」

老先生接著開口：「法師，往西域的路程極為險惡，途中不但有流沙河，還有飄忽不定的鬼魅和難以忍耐的高溫，凡遇到這些狀況的人，大多很難倖免於難。今天若是許多人一起走，都不一定到得了目的地，您卻只有一個人，實在太危險了！依我看，您還是再考慮考慮吧！」

「老先生，非常感謝您的關心，但我今天是為了追求佛法而

來，因此早已決定，若無法到達印度，就不回大唐。就算我死在半路上，也絕不後悔！請您就幫幫我吧！」

「好！既然您已決定，那我也不再阻攔，但請您務必騎我這匹瘦馬上路。這匹老馬，跟隨我往來於西域之間，已經有十五回。您的馬太年輕而且經驗不夠，如果騎那匹馬前往，恐怕會發生危險。」

於是他接受老先生的建議，以自己的馬和他的交換。老先生高興的向玄奘道別之後，玄奘和石槃陀也準備動身了。

兩人一直走到半夜，終於看到了玉門關。玉門關是古時候通往西域的要道，出了關口，除一片黃澄澄的沙堆和白骨之外，就幾乎什麼都看不到了。玄奘和石槃陀決定出關之前，先在附近的河邊紮營，儲備體力。兩人相隔

五十步，撐著累壞了的身體，將各自的行李整理好，倒頭就睡。

大概由於前往西域的路途太過危險，再加上玄奘的財物引發石槃陀的貪念，睡沒多久，石槃陀就輕輕起身，拔出刀子，向玄奘慢慢靠近。但大約走了十步之後，石槃陀突然良心發現，感覺自己實在不該殺害一個手無寸鐵的出家人，於是又轉回自己睡覺的地方，躺下休息。

石槃陀的一舉一動，玄奘都看在眼裡。遇到這種情況的玄奘，也無法好好睡覺了，他索性坐起，誦念「觀世音菩薩」聖號。

天亮之後，兩人當作什麼事都沒發生過一樣，準備繼續上路。但這時，石槃陀卻對玄奘說：「法師，出玉門關之後，旅途十分危險，不但沒有水草，也怕遇到追兵。我看我們還是回頭

吧！」

「不行，我們一定要繼續前進。」玄奘堅持著說。

於是兩人又往前走了一小段。但突然間，石槃陀又拔起刀，逼玄奘回頭，玄奘雖然害怕，卻執意往下走。石槃陀看著如此堅定的玄奘，只好愧疚的對他說：「法師，國家的法令是不能違背的，而且我也必須回去照顧我的家人，請您讓我回去吧！」

玄奘心裡明白，他不可能再依靠石槃陀到西域去了，因此決定讓石槃陀回家。玄奘臨別時還送石槃陀一匹馬，感謝他的幫忙。

望著西行路上的茫茫黃沙，玄奘又只剩自己一人了。

出了玉門關的玄奘，孤獨的走在沙漠中，只有路上一堆堆的白骨和馬糞，陪著他往西前進。突然之間，他好像看到數百支軍

隊走在前方，所有的軍人都穿著皮衣，騎在駱駝和馬兒背上。他們手中拿著的長矛和軍旗，在烈日之下，看起來千變萬化。奇怪的是，玄奘遠遠望去的時候看得很清楚，走近時，卻反而模糊不清。他最初以為自己遇到強盜，但當大批軍隊突然消失在眼前時，他才知道自己原來是遇到沙漠中的鬼怪了。

事實上，玄奘所碰到的「鬼怪」，就是所謂的海市蜃樓＊，這是在沙漠和海洋中經常會發生的現象。但古時候的人不明白這些科學道理，總以為自己遇到了妖魔鬼怪。

出了玉門關必須經過五個烽

![放大鏡]
＊**海市蜃樓** 蜃，大蛤蜊。傳說蜃能吐氣而形成樓臺城市等景觀。實際上，海市蜃樓的形成，是由於光線通過不同密度的空氣層，發生折射作用，而得遠處的景物投映在空中或地面上。這種現象多在夏天時的沿海一帶或沙漠中出現。後亦用以比喻虛幻的景象或事物。亦作「海樓」、「蜃樓」、「蜃樓海市」。

火臺，才算完全脫離大唐國界。烽火臺是古時候設在國家邊界，用來偵查敵人的高臺。只要烽火臺上的將領發現有敵人入侵，就命令士兵們在高臺上點起狼煙，而駐紮在邊境的軍隊一旦看到這個信號，就知道要準備作戰了。走了八十多里之後，玄奘終於看到第一個烽火臺。

打算偷渡出境的玄奘，因為怕被守衛的士兵看到，只好躲在沙堆後，等天黑了再前進。

當月亮一出來，玄奘立刻彎著腰、拉著馬，緩緩走到第一烽西邊。他轉頭看見旁邊有個水池，正想往前將自己的皮囊裝滿水時，「咻！」的一聲，突然有支箭飛來，差點射中他的膝蓋。過了一下，又「咻！咻！」射來兩箭。玄奘知道自己已經被守衛發現，於是大聲說：「我是從長安來的僧人，請不要射殺我！」

　　說完，玄奘牽著馬走向烽火臺。守衛看到他，立刻帶他去見第一烽的守將王祥。

　　王祥問玄奘為何來到此地，玄奘回答說：「大人！您應該已經聽說，有一個名叫玄奘的出家人，打算到印度去的消息吧！」

　　「嗯，但是那個玄奘不是已經返回長安了嗎？」王祥疑問的看著玄奘。

　　玄奘於是將寫給朝廷的請願信拿給王祥看，王祥這才相信眼前這個僧人，就是朝廷通緝的對象。但王祥卻對玄奘說：「從這裡往西域的路途，非常危險，我想法師是到不了印度的。今天我不打算將您關進牢裡或送回長安，但我希望把您帶到敦煌的佛寺，您在那兒應該可以好好學習。」

　　「實在非常感謝大人的好意！貧僧為了學習佛法，早已往來於大江南北，向各地高僧、大

德＊請益。而我一定要到印度留學，是因為感嘆中國佛教經典不夠完整，無法解決所有問題，才如此奮不顧身，往西前進。您就不需再勸我回頭了，若您一定要將我關入大牢，玄奘隨您處置，但我絕不往東移動一步，違背自己先前立下的志願。」

看到玄奘如此堅決，王祥內心感到十分佩服，於是對玄奘說：「弟子實在非常幸運，能夠在此遇見法師。我想您已經累了，還是先休息吧！明天一早，我會送您一程的。」

天亮之後，王祥叫人準備好飲水和乾糧，親自護送玄奘走了十多里路。

「法師，您從這個方向去，可繞過中間的烽火臺，直達第四烽。那裡的守將是王伯隴，您到

放大鏡

＊大德　是指道德崇高或精研佛法的人。

了之後可告訴他，是我請您去找他的。」

說完，王祥朝玄奘一拜，祝他一切順利。

到了這天晚上，玄奘已經走到第四烽，因為害怕又被守衛盤查，原想悄悄取完水後，盡速離開，但沒走幾步，就看見接連著幾支箭往腳邊射來，他只好又趕快報上姓名。於是，立刻就被守衛帶去見這裡的守將王伯隴了。

玄奘見到王伯隴後，把自己和王祥見面的事，說給王伯隴聽。王伯隴聽了非常高興，又留下玄奘在這裡過夜。隔日一早，不僅為他準備好裝滿水的大皮囊，還為玄奘準備了糧食，並告訴他：「法師，您可從這裡直接進入『莫賀延磧』，往前走一百里左右，會看到一個野馬泉，法師可在那裡補充飲水，稍事休息。」

玄奘向王伯隴道謝之後，又

騎上馬匹，離開第四烽，緩緩走進了全長八百多里的莫賀延磧。

莫賀延磧位於今日塔克拉馬干沙漠和戈壁沙漠＊之間，這裡在古時候被稱為「沙河」，也就是流沙河的意思。在一片片的沙丘裡，既看不到飛鳥、走獸，也沒有水澤、草木，一不小心，還會踩進流沙河，喪失性命。玄奘望著四周荒涼的景象，與長安城裡的熱鬧繁華比較起來，簡直是兩個不同的世界，而一大片黃沙之中，除了自己和老紅馬之外，就再也沒有什麼了。他只好在心裡默念「觀世音菩薩」的聖號，祈求菩薩能夠保佑他，安然走出這片可怕的沙漠。

放大鏡

＊塔克拉馬干沙漠和戈壁沙漠　都是中國境內相當知名的沙漠區，塔克拉馬干的總面積有九個臺灣那麼大，是世界第二大沙漠，並被許多外國探險家稱為死亡之海。這兩個大沙漠的溫度，平日可高達攝氏四十幾度，而幾乎不間斷的猛烈風沙，則經常吹得讓旅人難以辨認何為正確的行進方向。

就這樣走著，走著，玄奘走了一百多里路後，突然驚覺自己好像迷路了，「怎麼辦？根本沒看到王伯隴所說的野馬泉啊！」玄奘緊張得喃喃自語。太陽這麼大，天氣又這麼熱，原本以為找到野馬泉之後可以好好休息，而現在，真不知道該怎麼辦了！

於是玄奘將掛在馬背上的皮囊拿起來，想先喝口水，再想辦法。不料裝水的皮囊太重，他一不小心，竟將握在手裡的皮囊打翻到黃沙中。這下子賴以維生的清水，一滴也不剩了。

在沙漠中連飲水都沒有的情況，讓玄奘心急如焚，偏偏不論他怎麼繞，就是找不到野馬泉。後來玄奘心想:「我乾脆先回第四烽，再重新出發好了！」

於是他牽著馬匹轉向東方，試圖回到原來的出發地。

但往東走了十多里之後，玄

奘心底卻突然浮現自己當初為了求取佛法，不顧所有人反對，甚至偷渡出境的種種景象。一想到過程的艱辛，玄奘立刻雙腳跪在黃沙上，舉起手，對著天說：「好！我現在對天發誓！若這輩子我走不到印度，也絕不向東回頭！我怎麼可以因為害怕死亡，就這樣往回走呢？我寧可死在前往西天的路上，也絕不回頭！」

說完，玄奘立刻轉回原來的方向，繼續上路。

在沙漠中，白天的時候狂風呼呼的吹，像暴雨一樣的黃沙狠狠打在玄奘身上；到了晚上，又好像看到許多舉著火把的妖怪，向玄奘走來。雖然他向四周望去，根本看不到任何人影和馬匹，但這時候的他已經不再害怕，唯一擔心的，是身邊沒有飲水又迷路，該如何走下去呢？

最後，在經過五天四夜滴水

不沾的情況下，玄奘和他的馬匹，都倒臥於沙堆中，沒辦法起身了。但在面臨生死的時刻，玄奘依然不願放棄自己曾經發下的誓願。他看著天空向菩薩請求：

「菩薩啊！弟子這一趟，並不是為了貪求自己的名利，而是為了學習無上佛法而來！菩薩您大慈大悲，普渡眾生，為什麼弟子面臨這麼大的困難時，您卻不來救我？」

說也奇怪，就在第五天的夜裡，一陣寒風颳過玄奘臉龐，風中夾帶著的冰涼水氣，使得接近昏迷狀態的玄奘張開雙眼，他的老紅馬也一站了起來。玄奘看自己的力氣逐漸恢復，立刻打起精神騎上馬匹。大約往前走了十里左右，老紅馬突然轉向另一個方向，狂奔而去。

跑呀，跑的，玄奘眼前竟浮現出一塊綠地，旁邊還有一個清

澈的水池。看到這樣的景色，玄奘以為又見到了幻影，但揉一揉眼睛之後發現，「原來這真的是野馬泉！」玄奘心裡高興極了。

到了野馬泉之後，他立刻跳下馬來，趴在泉邊喝水；救他一命的老紅馬，也趴下來好好休息。相依為命的僧人與老馬，在水池旁停留一夜，等到體力充分恢復之後，就繼續西行。過了兩天，玄奘終於走出這個差點要了他的命的莫賀延磧，到達這趟旅程中的第一個胡人國家——伊吾國。

高昌國王的欽慕和威脅

玄奘到了伊吾國，先借住在一間佛寺中休息。這個寺裡，正好有三位多年前由中國來到這裡的出家人，其中一位老法師，聽到有長安來的年輕比丘要到這裡掛單，連衣帶都來不及綁，就從

寺裡衝出來迎接玄奘。

老法師看到玄奘後，抱著他大哭說：「沒想到，我竟還能在有生之年見到自己故鄉的人，我真是太高興了！嗚……。」

老法師喜極而泣的心情，我們其實不難了解。因為伊吾國不但遠在莫賀延磧的另一端，大唐朝廷又不准人民越出國界前往西域，因此，這麼多年來，老法師根本不可能見到來自故鄉的人！也難怪當他看到玄奘時，會高興得哭成這樣，連玄奘也忍不住掉下淚來。

玄奘在伊吾國，受到相當的歡迎。伊吾附近的胡王、胡僧一聽到有大唐來的高僧，紛紛前往寺裡拜見玄奘。伊吾王甚至還邀請玄奘入宮，恭敬的供養他。

而此時，西域大國高昌的使者正好在伊吾拜訪。他回到高昌之後，馬上向高昌王麴文泰報告

這個好消息。高昌王一聽，立刻派遣使者到伊吾，請伊吾王護送法師到高昌，另外再讓高昌的大臣去迎接玄奘。

為什麼這些外國人對這位來自大唐的出家人如此禮遇，如此尊敬呢？

這其實是因為中國從很早以前，就由於國勢強大、文化發達，深受西域各國景仰。而玄奘不僅來自這個文化大國，他在大唐也早已是個地位崇高的修行人，因此這些外國人對於玄奘的到訪，總是禮遇有加。再說玄奘獨自一人橫渡沙漠的事蹟，早已傳遍深知沙漠危險的胡人耳中，他們對於玄奘的勇氣與智慧，可說佩服得不得了！

過了幾天，高昌使者來到伊吾國拜見玄奘，並向玄奘說明前來的原因。玄奘原本計劃離開伊吾後，要經過天山北側前往印

度，但高昌王的盛情邀約，實在令人無法回絕，因此玄奘決定先到高昌，再繼續他的旅程。

玄奘在高昌大臣的陪伴下，經六天六夜的跋涉，終於到達高昌國的王城。這時雖然已是半夜，皇宮中卻一片燈火通明。原來高昌王、王妃和所有人都還沒睡，等著迎接玄奘。

玄奘即將進入城門的消息傳到皇宮之後，高昌王趕忙親自帶領侍臣，走出宮殿迎接這位遠方的客人。隨後高昌王引導玄奘，來到一個裝飾得非常漂亮的帳篷中，兩人坐下之後，高昌王就恭敬的對玄奘說：「弟子自從聽到法師的名號之後，就高興得吃不好也睡不好。算算您的旅程，預計您今晚會抵達高昌，因此我和王妃都沒有就寢，和大家一起誦經，等候您的到來。」

眼看天色就要亮了，玄奘帶

著疲憊的身軀，昏昏欲睡。高昌王看到這種情形，就留下幾名身邊親信照顧玄奘，自己和王妃也回宮休息了。

第二天，等玄奘用完早齋，國王就領著玄奘來到特別為他搭建的道場＊。這個道場，是玄奘在高昌的住處，也是他說法及會客的場所。高昌王命令國中的高僧前來向玄奘請益，以免錯失這個千載難逢的好機會。

十多天之後，玄奘覺得應該啟程了，就向高昌王表明要離開的心意。但高昌王並不希望自己如此欽慕的玄奘法師離開高昌，於是抓住機會問他：「不知法師是否願意留在我國？」

玄奘卻回答說：「非常感謝國王對我的禮遇，但留在高昌，並不是我來西域的目的，因此我必

＊道場　佛教的修行場所或寺院，都可稱為道場。

須離開。」

高昌王接著說：「在隋帝在位時，弟子曾跟隨父王到中國遊歷。我們參觀了很多地方，也見到許多名僧大德，就是沒遇到讓我如此欽慕的高僧。因此希望能留法師久居高昌，接受弟子的供養。弟子也將命令所有百姓都皈依為佛教徒，向您學習佛法。希望法師接受弟子的心意，不要再想著西行的事了！」

玄奘從沒忘記自己曾經發下的誓願，因此他再度感謝高昌王的好意，並請高昌王不要再強留他。

沒想到，被玄奘回絕的高昌王竟氣得嚴聲大吼：「若法師堅持不留在這裡，那麼我也可以將法師送回大唐。總之，請法師最好接受我誠心的邀請吧！」

玄奘對高昌王的恐嚇，一點都不膽怯，堅定回答：「今天，即

使我因為受到逼迫而留在這裡，您也只能強留我的身軀，無法留下我的靈魂！」

高昌王看玄奘法師怎樣都不肯屈服，只好將他關在道場中。但每到吃飯的時候，高昌王總親自端著飯菜來供養玄奘，希望能因此感動他。玄奘卻發誓絕食，希望透過堅決的舉動，讓高昌王放了自己。

就這樣，玄奘接連三天不吃不喝。到了第四天，他的呼吸越來越弱，體力也越來越差。高昌王看到玄奘竟以性命捍衛自己的誓願，內心充滿愧疚。他跪在地上，向玄奘說：「法師，您就離開高昌去印度吧！但拜託您一定要吃飯！我真是太對不起您了！」

玄奘聽到高昌王終於願意讓自己離開，才稍稍安心。然後高昌王請來太后為證，和玄奘結為兄弟，並對玄奘表示，希望他將

來從印度回來，能到高昌住三年。但此次請玄奘務必再多留一個月，為自己講授《仁王般若經》，教導自己成為一位仁慈而有德行的國王。

這些請求，玄奘全都一一答應。玄奘眼見困難都已解決，才開始進食。

接下來的一個月，玄奘在高昌王特別準備的大帳篷內，開壇講經。每次當玄奘要登上高高的講壇時，高昌王總是趴跪在地面，讓玄奘踏著自己的背，坐到椅座上。雖然玄奘婉謝高昌王的心意，高昌王卻一再重複同樣的事，高昌王對玄奘的恭敬與景仰，實在是無以言喻！

一個月很快過去，玄奘也準備要啟程了。高昌王不但指派四名沙彌、數十名隨從護送玄奘，也為玄奘訂做了三十套衣服。另外，又準備許多黃金、銀兩，以

及可當作禮物或貨幣使用的綾布、絹布等，作為玄奘這趟往返二十年旅程的旅費。高昌王為了讓玄奘在前往印度的旅途上，能暢行無阻，還特別派遣許多使者送信給各國國王，希望這些國王能幫助玄奘，送他安然抵達印度。

玄奘看到高昌王如此熱心為自己做那麼多事，內心感動不已。於是在動身之前，寫了一封信，向高昌王表達自己的謝意。

玄奘出發那天，高昌王及王妃、大臣、僧侶們，以及許許多多的老百姓，都一起聚到城門口，送玄奘出王城。高昌王抱著玄奘淚流滿面，說：「法師，此去要多珍重啊！」玄奘心裡又何嘗不萬分難過？

高昌王讓王妃和百姓先回王城，自己和僧侶們騎著馬，又陪玄奘走了幾十里路，才不捨的道

別。

之後，玄奘又繼續向著黃沙走去，朝著他的理想和目標前進。

出生入死抵達印度

離開了高昌國，玄奘陸續經過不少國家。由於高昌王已事先安排，所以一行人沿途甚受禮遇，經常是在各國君民的熱情歡送下，展開下一段旅程。話雖如此，玄奘一行人還是無可避免的被盜賊襲擊。

一次是在山路上，一夥強盜擋在路前。玄奘為保護身邊的人，趕緊將高昌王供養他的財物，分送一些給他們。強盜們一拿到錢，一下就跑得不見蹤影。

又有一次，玄奘被兩千多名盜匪團團圍住，他心想：「這下真的完蛋了！」沒想到原本非常緊急的狀況，卻因為盜匪本來就分成

兩派，兩邊的人一言不合，互相打殺起來。玄奘他們在一旁悄悄等待，終於在兩方人馬對陣廝殺過後，逃過一劫。

如果我們從玄奘一路走來，不僅得經過可怕的莫賀延磧，還不時會遇到搶匪的情形來看，這條西行之路，確實非常危險，一不小心，就可能命喪黃泉。若非玄奘的決心和毅力如此堅定，大概早就打道回府了。

走啊，走的，玄奘來到了全年都被冰雪覆蓋住的凌山＊。凌山山勢非常高聳，氣候也十分寒冷，山腰以上的部分，只看見層層雲霧，根本看不到山尖，而這個「看不見」的山尖，卻正是他們要翻越過去的地方。

山路早已因為結冰變得非常溼滑，狹窄的路上，又插著許多

＊凌山　即天山。

從山岩上掉下來的巨大冰柱。玄奘他們只好一步步緩慢行走，小心閃過這些像刀一樣銳利的冰柱。這麼危險的行程，不僅對體力是一大考驗，對所有人的耐力和信心，更是極大的磨練！

山風「呼！呼！」吹在每個人身上，他們穿著厚厚的皮衣，套著重重的靴子，在風雪中緩緩行進，所有人都凍得牙齒「喀嚓！喀嚓！」的響。當他們想找地方紮營時，卻怎麼找，也找不到一片「不溼」的地方可以鋪床，只好勉強在冰雪上架起帳篷、煮飯、睡覺。

終於，在七天七夜的辛苦跋涉之後，玄奘一行人越過凌山山頂了。但原本浩浩蕩蕩的一群人，現在只剩半數，另一半人不是凍死在山裡，就是跌下谷底。各國國王送給玄奘的馬匹、駱駝，也是損失慘重。但在這麼危

險的情況下，還能撿回一條性命的人，真得感謝菩薩保佑呢！

　　下了凌山的玄奘，很意外的遇見高昌王的好朋友——西突厥的葉護可汗。

　　這天葉護可汗正率領兩百多名隨從出外打獵。他身穿深綠色的獵裝，露出來的頭髮，用長長的頭巾綁在額頭，再垂到背後。他的隨從，不僅穿得非常威武，頭上也都編了辮子，垂在耳朵兩邊。這樣的裝扮，和大唐的漢人十分不同，玄奘看了感覺非常有趣。

　　就在玄奘抵達之前，葉護可汗其實已接到高昌王的來信，知道眼前的出家人，就是高昌王的結拜兄弟，因此他很熱情的招呼玄奘：「法師，實在太歡迎您了！但不好意思，我還要到另一個地方打獵，現在沒辦法陪您。我先讓部屬帶您到我的駐地休息，兩

三天之後」，我就回來。」說完，葉護可汗就命令部下，將玄奘送到駐地。

三天之後，葉護可汗打獵回來，隨即把玄奘請到他的帳篷裡。葉護可汗的帳篷很大，整個帳篷外面都裝飾了非常漂亮的金色貼花，這些貼花在陽光的照耀下，閃閃發光，眩目耀人。而當玄奘走到距離帳篷還有三十幾步路時，可汗還特別從帳中走出，迎接玄奘進入裡面。由此可見他對玄奘有多麼禮遇！

葉護可汗與玄奘聊了一會兒之後，命人將玄奘的隨從，一同請入帳篷。另外還準備酒席、表演，來款待這些遠方的客人。由於玄奘吃素，可汗特別準備了蒲桃漿※和素菜來招待他。等大家吃得差不多，葉護可汗恭敬的對玄奘說:「法師，您是否可為我們這些粗人開示呢?」玄奘一聽，真

是高興極了，於是立刻為大家講解修行「十善」、「波羅蜜多」＊等追求解脫的法門＊。在場能聽聞佛法的人，紛紛為自己的幸運，感到高興不已。

玄奘在葉護可汗的駐地休息幾天之後，就要啟程了。葉護可汗特別派遣軍中一位懂得漢語也會說其他國家語言的年輕人，為他擔任翻譯，並送了玄奘一套紅色綾緞織成的袈裟，及五十疋絹，祝他一路順風。

離開了葉護可汗的駐地，玄奘與他的隨從，繼續走過沒有水

放大鏡

＊蒲桃漿　就是葡萄汁。

＊十善、波羅蜜多　十善的內容是不殺生、不偷竊、不說謊話、不說甜言蜜語、不口出惡言、不說別人的是非、不貪心、不生氣、不迷信、不做不道德的事；波羅蜜多的內容則為布施別人需要的東西給對方、守持自己所受的戒律、忍受各種侮辱、努力向上、修行禪定、培養智慧。佛教認為，如果一個人可以做到十善和波羅蜜多，就可以到達「解脫」的境界，也就是永遠過著自在平安、快樂幸福的生活。

＊法門　是指修行的各種方法。

草的大沙漠，越過冰凍的興都庫什山脈，也曾在旅途中迷路，險些遭遇不測。但在經過重重困難之後，他們終於來到了位於今日阿富汗境內的迦畢試國。玄奘離印度越來越近了！

玄奘到達迦畢試國的王城時，就像過去一樣，也是由國王親自帶領大隊臣子、僧侶，出來迎接。

迦畢試國有上百間佛寺，這裡的僧侶一聽到遙遠的大唐來了一位高僧，都興奮的想請玄奘住到自己的寺院裡。其中有一個小乘佛教＊的寺院，名叫沙落迦，相傳以前有位在迦畢試國當人質的中國王子，曾住過這兒。沙落迦寺的僧侶還對玄奘說：「我們寺院原本就是由中國王子所建，您既然來自中國，還是請先到我們那兒住下吧！」

玄奘看沙落迦寺的僧人如此

慎重，因此就決定住到沙落迦寺。

在沙落迦寺，一直流傳著一個故事。以前在這裡當人質的王子在回國之前，曾經於寺院東門的「南大神王像」腳下，埋入許多黃金珠寶，這是為了供日後寺院整修、重建時使用。當時沙落迦寺的出家人為表達他們對王子的謝意，在院內各處的牆壁，都畫上了王子的肖像。但是後來，

放大鏡 ＊「乘」是馬車的記量單位。佛教在釋迦牟尼佛滅度之後，分成小乘佛教和大乘佛教兩個體系。所謂小乘佛教，指的是從印度往南傳播到現在的斯里蘭卡、緬甸、泰國等中南半島地區的佛教，他們追求的是個人的成佛之路，因此我們以「小乘」來比喻這種體系的佛教，就像小的車子只載著一個人前行；而大乘佛教，則是從喀什米爾往上，經中亞、絲路傳入中國，再由中國傳播到韓國、日本的體系，他們的修行宗旨不以個人成佛為滿足，還希望能救度眾生一起到達解脫的境界，因此被比喻像是一輛很大的馬車，可承載許多人，也就是「大乘」。這兩個分支，雖然有他們各自重視的經典及不同的修行目標，但在佛教歷史上，他們的地位相當。玄奘在中國接觸的是所謂的大乘佛教，而他在西行路上，遇到學習小乘或其他宗教的修行人時，總會向他們請教所奉行的經典，因此當玄奘從印度返回中國時，他已經是個融貫各種佛教理論的高僧了。

有一任迦畢試國的國王非常暴虐無道，他為了貪圖這筆傳說中的金銀財寶，竟派遣軍隊到沙落迦寺，想要挖掘傳說中的寶藏。沒想到當軍人的鐵鍬一碰到南大神王的大腳時，大地突然劇烈震動起來，南大神王頭頂上的石雕鸚鵡在天搖地晃的時候，竟拍動起翅膀，驚恐的叫了出來。這個國王和他的軍隊看到這樣驚異的景象，嚇得落荒而逃，再也不敢踏進沙落迦寺一步！也因此這麼多年以來，沒人敢再隨便挖掘這批寶藏，至於沙落迦寺的傳說到底是真是假，也就無法印證了。

而玄奘到了迦畢試國的時候，寺院中正好有座佛塔需要整修。於是寺僧們向玄奘說明過去所發生的事，希望玄奘可以幫助他們，將這些傳說中的寶藏取出，以作為修整寺院的費用。

第二天，玄奘與沙落迦寺的

僧人，一同來到埋有珠寶的南大神王像面前，在焚香、禮拜之後，玄奘雙手合十，跪地向王子禱告：「王子啊！您以前藏在這裡的寶藏，原本就是為了沙落迦寺的需要才埋在這裡。現在寺院確實到了必須使用這批寶藏的時候了，希望諸佛菩薩、南大神王與您，能夠體察我的赤誠之心，允許由我監督取出這批寶藏，交給寺僧，讓他們妥善處理。」

說完，玄奘就請工人們開始挖掘。

挖呀，挖的呢，挖到七、八尺深的時候，他們看到了一個很大的銅箱。難道這就是傳說中的寶藏嗎？工人們小心翼翼的把銅箱搬了出來，蓋子一掀開，滿滿的黃金和金光閃耀的寶石、珍珠，炫得在場所有人的眼睛睜不開來，忍不住發出了讚嘆的聲音，對於玄奘的表現，都感到十分驚

訝與佩服！

迦畢試國的國王篤信佛教，於是趁此機會邀請玄奘開壇講經。這實在是個難得的機會，所以迦畢試國的所有僧侶，都前來參與，並向玄奘提出各種問題，以解答其心中的疑惑。為期五天的法會，在眾人的感謝聲中結束，國王還特別準備五疋錦緞來供養玄奘。

三個月之後，玄奘再度踏上前往印度的旅程，迦畢試國王為了感謝他，也特別派遣使者，陪著玄奘前往。

玄奘一行人出了迦畢試國，越過黑嶺，終於進入期待已久的北印度境內，這真是振奮人心的一刻！

當時的印度，並非一個完整的國家，而是由許多小國所組成。玄奘在筆記中，是這樣介紹印度的：「印度三面臨海，北方靠

著雪山。它的國土北邊很寬大，南方比較狹窄，就像半月形一樣。這塊土地上有七十幾個國家，氣候則非常潮溼炎熱。」

玄奘雙腳實實的踏在印度的土地上，心想：「從長安到玉門關，由高昌國到北印度，沿途若不是只見白骨的大沙漠，就是冰天雪地的高山峻嶺，這一年多來所遭遇的困難和辛苦，還真不是別人所能體會，但是今日，我總算踏上印度的土地了！」

這時候的玄奘才不過是個二十八歲的年輕人，但為了實踐修學佛法的理想，為了瞻仰佛教聖地的心願，他不畏千辛萬苦，踏上這段旅程。

由於佛教起源於印度，這裡的國家，處處都可見到值得參拜的佛教遺蹟或歷史聖物，例如窣堵波＊、佛骨舍利＊、佛像等等。玄奘此行雖是為了修學佛法而

來，但另一個重要目的就是希望能四處朝聖，因此一出大唐國門，便不放過任何重要的遺蹟或聖物，到了這兒，更是有太多地方等著他去瞻仰，所以玄奘參拜了沿途的窣堵波、如來舍利和佛的袈裟等等。

另外玄奘又聽說，那揭羅曷國的燈光城附近，有一個瞿波羅龍王所住的洞窟。以前釋迦牟尼佛在世時，曾在這裡降服過龍王，並在洞窟石壁上留下身影。雖然這個洞窟的所在地極為荒涼，路上又經常有盜匪出沒，玄奘卻仍堅決要前往參拜。但由於迦畢試國的使者們希望儘早完成任務，早日回國，因此不希望玄

放大鏡

＊窣堵波　就是佛塔。

＊舍利　修行高深的人過世之後經火化，會燒出所謂的舍利，也就是一種結晶體。舍利的形狀像珠子或像花朵，也有各種顏色。佛教認為，能夠燒出舍利的人，必定在生前努力修行，擁有無上功德，因此是非常難得而受人尊敬的。

奘又繞到揭羅曷國，但玄奘心意堅定，因而與迦畢試國的使者約定，他自行前往禮拜聖蹟之後，再回來與他們會合。

於是，玄奘找到了一位知道洞窟位置的老人家。在老人家的協助下，一起動身前往龍王的洞窟。

走著，走著，沒走多遠，玄奘他們就遇到了盜賊。有五名強盜拔刀向著玄奘說：「法師，你要上哪兒去呀？」

「貧僧正想去參拜佛影。」

「難道你沒聽說過，這條路上有盜賊嗎？」

「是有聽過。但今天我是為了禮佛而來，即使路上遇到妖怪我都不怕，何況盜賊是人，不是妖怪！」

這五個強盜，從沒遇過敢跟他們大聲說話的人，因此內心都十分震撼，實在無法對玄奘痛下

殺手。最後五個人一起發願，跟著玄奘同去參拜佛影，心想，也許會看到什麼神蹟也說不定。

一行人結伴同行，慢慢的，走到了洞窟口，老人家對玄奘說：「您進入洞窟後直走，碰到牆壁後，再往後倒退五十步，面朝牆壁的方向禮拜，佛影就會顯現在牆上。」

這個洞窟裡並沒有燈火，玄奘站在洞口往裡面瞧，真是黑壓壓一片，伸手不見五指。

玄奘進入洞窟，就照著老人家的指示，虔誠面壁禮拜。但拜了一百多拜之後，什麼也沒見到，他心想一定是自己修行不夠，才見不到佛影。雖然如此，他仍然不願放棄，在口中繼續念著佛號，繼續禮拜。大約又拜了一百次左右，他開始看到牆壁上露出一個像缽碗大小的亮光，但隨即熄滅。這樣的景象使玄奘信

心大增，除全心拜佛之外，更在心中暗自發願：「倘若我沒看到佛陀的身影，就絕不離開此地！」

大約再經過兩、三百拜之後，突然間，陰暗的洞窟大放光明，牆壁上清楚出現了一個佛陀的身影。牆上的釋迦牟尼佛，身穿紅黃色袈裟，從頭到膝蓋的部分，都可看得十分清晰。而佛陀的背後，還站著菩薩和護法。

玄奘看到這般景象，非常震撼，而洞窟外的人見到洞內大放光彩，也紛紛跑進洞裡。一時之間，所有在場的人，都以最恭敬的心禮拜佛陀，並深深感慰自己的福報與幸運！而五個跟著玄奘一起來的盜賊，也因為親眼目睹難得一見的神蹟，全都將手中的刀劍折斷，並請玄奘為他們傳授五戒之後才離去。

從龍王洞窟回來之後的玄奘，與迦畢試國使者會合之後，

又繼續上路。

　途中，他們經過了許多國家，並參拜了各種遺蹟。例如玄奘在歷史上以佛教藝術聞名的健馱邏國，見到由古代貴霜王朝所建造的佛塔遺址。玄奘對於這個遺址的紀錄，還幫助現代探險家在20世紀初，找到了遺址的確切位置＊。

　不久，玄奘一行人越過印度河，來到印度河南岸。玄奘在這裡，也造成相當大的轟動，並且就像在西域一般，受到各國國王的禮遇和爭相供養。而各地的僧侶、大德，一聽到有來自大唐的高僧，都紛紛前來向他請益，並對眼前這位年輕修行者的德行與才學，給予極高的肯定和尊敬。

　之後，玄奘來到了收藏許多佛經的迦溼彌羅國。

　迦溼彌羅國的國王篤信佛教，為了迎接玄奘，在玄奘進入

王城的沿路，布置了滿滿的香花和幢幡＊，並帶領一千多人前來相迎。國王除親自供養玄奘之外，還特地派遣二十位抄寫員，為他抄謄典藏在國內的佛經。玄奘有感於迦溼彌羅國王對於自己的支持和鼓勵，決定暫時留在迦溼彌羅國一段時日，等佛經抄寫得差不多，再離開此地。

　　迦溼彌羅國有位受全國敬重的老法師，法名僧稱，玄奘久仰於他的德行與修持，經常到佛寺向他請教，兩人因此結為忘年之交。老法師曾對旁人說：「這位中國來的年輕法師，極為聰慧，他的才智遠超過我國的修行人，簡直可與古代被譽為『千部論主』

＊考古學家曾在西元 1908 年到印度尋找迦膩色迦王所蓋的佛塔遺址，透過玄奘所寫的《大唐西域記》，他們找到這個遺址，並在這裡挖掘出迦膩色迦王的舍利盒。目前，這個舍利盒收藏在大英博物館中，供人參觀。

＊幢幡　是裝飾在佛堂或佛教儀式中的旗幟。

的世親菩薩＊相比。」

僧稱法師以專精千百種佛學理論的世親菩薩來比喻玄奘，使得玄奘聲名大噪，也讓迦溼彌羅國裡的高僧，對他另眼相看。

兩年之後，玄奘帶著抄寫好的佛經，繼續前往中印度。

玄奘在中印度，不僅拜會了精通三藏＊的高僧大德，也花費許多時間學習各種大、小乘經典。雖然他現在已經是印度各國的知名人物，但在旅途中，仍然一再遭遇危險。

一次，玄奘搭船順著恆河往東途中，在叢林間遇到信仰突伽天神的盜匪。信仰突伽天神的

放大鏡

＊世親菩薩　就是《俱舍論》的作者。

＊三藏　是「經藏」、「律藏」與「論藏」三種佛教經典的統稱。經藏記載的是佛所說的話；律藏記錄的是佛所制定的戒律；論藏則是佛弟子對於佛陀講授的義理的討論。因為「三藏」就是佛教經典的總稱，所以我們也將專精這三種經典的高僧稱為三藏法師，例如玄奘就在回國之後，被尊稱為三藏法師。

人，每到秋天就會抓一個人，殺來祭神。當這群盜匪看到玄奘的儀態翩翩，氣宇軒昂，就相視笑說：「沒想到今天遇到這個和尚，相貌如此不凡，若把他獻給突伽天神，祂一定會保佑我們大吉大利的。真是太好了！」

玄奘聽了之後說：「我這麼一個平凡人，能被你們用來祭神，我一點都不覺得可惜。但我遠從遙遠的大唐來到這裡，是為了修學佛法。今天我的心願尚未完成，你們就將我殺來祭神，我擔心可能會為你們招來災禍。」

與玄奘同船的人一聽到這兒，都跪著向盜匪求情，甚至有人願意代替玄奘受死，但盜匪都不接受。

於是盜匪們開始鋪設祭壇。祭壇布置好後，由兩個人拿著刀，把玄奘帶到祭壇上，準備將他的頭砍下。雖然情況已經相當

危急，玄奘的神情卻非常沉著。盜匪們看到這樣的情況，心裡也感到十分驚訝。

玄奘心想：「這次恐怕難逃一劫了。」就對著盜匪說：「既然你們堅決要將我獻祭給突伽天神，那麼是否可留一點時間給我，讓我誦經來安定自己的心，歡喜的面對這件事？」

說完玄奘閉上眼睛，坐在祭壇上，專心一意念著「阿彌陀佛」的名號。念著，念著，玄奘的臉龐漸漸露出笑容，看不出任何一點驚恐的神色。而坐在祭壇下的同伴望著即將被砍殺的玄奘，都忍不住放聲大哭。

說也奇怪，原本平靜的祭壇，突然間颳起了陣陣狂風。巨大的風勢不僅將樹枝折斷，還捲起地上的飛沙，一時之間，滿天塵土瀰漫。而河面上，也變得浪濤洶湧，一艘艘的船隻，全都被

打翻了。

盜匪看到這樣的情景，十分害怕的相互問說：「這個和尚究竟是何方神聖！怎麼會變成這樣子呢？」

與玄奘同行的侍者回答：「他就是鼎鼎大名的高僧玄奘！你們若將他殺害，一定會觸怒鬼神。你們看看四周，難道一點都不害怕？還不趕快跪地求饒！」

話一說完，這些盜匪雙腳跪地，請求上天原諒他們的罪行。坐在祭壇上的玄奘似乎太專心念佛了，根本不知道身邊發生了什麼事，當盜匪要將他請下祭壇時，玄奘還問說：「時候到了嗎？」聽得盜匪們心虛不已，直說：「法師，我們對不起您！請原諒我們吧！」

於是玄奘起身，感謝他們的不殺之恩，並在接受他們的懺悔之後，為他們傳授五戒。玄奘同

行的夥伴看到這般情景，對玄奘的德行，更加欽慕。後來這個事件傳遍遠近各地，大家都說，若不是玄奘一心求法，感動神佛，怎麼可能出現這樣的奇蹟呢？

化險為夷之後，玄奘繼續他的旅途。他經過了好幾世紀前，給孤獨長老獻給釋迦牟尼佛的祇樹給孤獨園，也到了佛陀涅槃＊的娑羅林和佛陀第一次宣講佛法的鹿野苑，並在釋迦牟尼佛得道的菩提樹下，緬懷佛陀的聖德。玄奘每到一處聖地，都以五體投地＊的禮拜，來表達他內心的感動與恭敬。

玄奘在菩提樹附近停留幾天

放大鏡

＊**佛陀涅槃**　說的就是佛陀的過世。因涅槃有「滅盡一切煩惱，從生死中解脫」的意義，因此有時我們又將它稱為入滅或圓寂。

＊**五體投地**　是佛教禮拜方式的一種，又有「頂禮」、「接足禮」等稱呼。由於這種禮拜方式，是將雙手、雙膝、頭頂著地禮佛，因此是最敬重的一種禮拜法。

之後，位於摩揭陀國首都王舍城北方的那爛陀寺住持，聽到玄奘已經在前來的路上，特別派遣四名僧侶來迎接玄奘。那爛陀寺是當時印度最大的佛教大學，也是玄奘此行最重要的目的地。眼看自己歷盡千辛萬苦，終於要進入期待已久的那爛陀寺，玄奘的心情，不禁興奮了起來。

留學那爛陀寺

那爛陀寺，可說是當時全世界規模最宏偉的佛教大學，許多歷史上的重要高僧，如被尊為「第二釋迦」的龍樹菩薩＊，或之前提到的「千部論主」世親菩薩等，都出身此地。那爛陀寺是西元5世紀的帝日王，為緬懷佛陀恩典所創辦的。那爛陀寺的全盛時期，不僅擁有一座大型圖書館，藏書高達九百萬卷，學生也有上萬人之多。他們在那爛陀寺

分別修學大乘、小乘、因明、聲明、醫方、術數*等學問，因此那爛陀寺可稱得上是佛教史上最早的綜合大學。

　　玄奘因為旅途上的各種事蹟，早已成為印度佛教界的傳奇人物，那爛陀寺為了歡迎這位來自遠方的客人，在玄奘才抵達那爛陀寺附近的村莊時，就由寺中兩百多位僧侶帶領著一千多位施主*，手捧鮮花、幢幡，前來迎接。到了那爛陀寺之後，負責寺中大小事務的維那法師，特別向大家說：「玄奘法師從今天起於本寺修行。因玄奘法師初到此地，若有需要大家幫忙的地方，請大家多多費心！」

放大鏡

*龍樹菩薩　又稱為龍猛或龍勝菩薩，是印度大乘佛教中觀學派的創始人，對佛教在印度的傳播影響遠大。

*因明是論理學；聲明是語文學；醫方是醫藥學；術數是數學。

*施主　就是布施財物、食物給出家眾，或者出錢舉辦法會的人。

之後，維那又派遣僧侶，帶玄奘去見那爛陀寺的住持戒賢法師。戒賢法師是一位已經一百多歲的得道高僧，因此大家都非常敬重他，尊稱他為「正法藏」。

玄奘一見到正法藏，立刻依照寺中規矩，以五體投地的禮拜，行拜師大禮。儀式完成後，正法藏問玄奘說：「玄奘，你從哪裡來？為什麼會想到這麼遠的地方來呢？」

「弟子來自遙遠的大唐。來到這兒，是為了向您學習《瑜伽師地論》這部經典，以解決我在學佛上的困惑。」

正法藏一聽，眼淚竟流了下來，並隨即叫喚他的姪子，也就是七十歲的覺賢法師過來，對他說：「覺賢，你將我三年前生病時所發生的事，說給大家聽吧！」

於是，覺賢告訴大家：「正法藏以前患有風溼病，每次發作起

來，總痛得像火燒一樣，非常痛苦。這種情形，大約反反覆覆持續了將近二十年。但三年前那次發病，比以前痛苦許多，由於實在痛得無法忍耐，正法藏暗地打算以絕食的方式來了結生命。

「一天夜裡，正法藏夢到三位天神，一位散發著金黃色光芒，另兩位分別閃耀著青色琉璃光和銀白色光，祂們的相貌莊嚴，威儀不凡。其中金色的天神對正法藏說：『你不想要生命了嗎？佛經上說：即使身體上有病痛，我們也不能討厭自己的身體。你的病痛，是前世累積的業障＊所造成，只要你努力修行，

放大鏡

＊**業障** 在佛教中，把我們平日所做的一切善的或惡的思想行為，稱作為「業」，所以好的思想行為就叫做「善業」，不好的，就是「惡業」。因佛教的中心思想是輪迴的觀念，因此當我們上輩子做了壞事，就像種了一顆不好的果實，這果實在下輩子發芽成長，成為生活上的種種障礙時，我們就把這種因惡業所帶來的障礙，稱為「業障」。

好好懺悔，這些病痛很快就會消失。」

「說完指著身邊發出青色琉璃光的天神說：『你知道這位是誰嗎？祂就是觀世音菩薩。』

「又指著銀白色的天神說：『這位是阿彌陀佛。』

「最後祂告訴正法藏：『而我，就是文殊菩薩。』

「正法藏看到三位尊貴的佛菩薩，竟特地到這裡看他，感動得雙腳跪地，恭敬禮拜眼前的佛菩薩。接著文殊菩薩又說：『我們今天來看你，就是想告訴你，只要好好宣揚《瑜伽師地論》等佛教經典，你的病痛就會好起來。過幾年，將有一位中國來的僧侶向你學習《瑜伽師地論》，希望你能將這部經典全部傳授給他。』

「文殊菩薩話一說完，就和另兩位佛菩薩消失得無影無蹤。但從那次以後，正法藏的風溼病

就再也沒有犯過。」

「啊！原來是這個樣子！」

所有人聽完這個故事，都驚訝的叫了出來！而玄奘本人更是百感交集，於是起身禮謝正法藏說：「弟子一定會加倍努力，以恭敬的心來領受師父的教誨。」正法藏對著玄奘微笑點點頭，接著就遣人帶玄奘到客房休息。

幾天之後，玄奘搬到那爛陀寺特別為他準備的房間。寺院供養給他的食物，極為豐富，並提供大象作為玄奘外出的坐騎。像玄奘一般受到如此禮遇的僧人，在將近有一萬名僧侶的那爛陀寺，僅僅十人。而那爛陀寺的修行人中，懂得二十部經典的，大約有一千多人；懂得三十部的，有五百多人；能夠深入了解五十部以上的，連玄奘一起，也只有十人。因此不難看出玄奘在當時印度佛教界，十分受到矚目。

　　那爛陀寺的研究風氣極為興盛，單單院內一天所召開的佛學講座，就有一百多場。雖然功課十分繁重，但所有學僧都非常努力。玄奘在那爛陀寺除參加各種講座之外，還會做些什麼事呢？

　　那爛陀寺周邊，有許多的佛教遺蹟，玄奘經常利用課餘時間，四處參訪。正法藏也因為受玄奘請託，特別為他講授《瑜伽師地論》。同時來聽講的，還有好幾千人。玄奘在那爛陀寺總共聽了三遍的《瑜伽師地論》，對於《順正理》、《顯揚聖教論》、《俱舍論》等佛教典籍，以及婆羅門教*的經典，也投入

放大鏡　　*婆羅門教　在佛教出現之前，印度就已經有婆羅門教了，所以古時候的印度，也被稱為婆羅門國。婆羅門教的特色，是將所有人區分為婆羅門（僧侶）、剎帝利（武士和貴族）、吠舍（農人、工匠和商人）、首陀羅（奴隸）四個階級，稱為「種姓制度」。在種姓制度下，什麼人屬於什麼階級，早在出生的時候就已決定，因此命運悲慘的奴隸，永遠沒辦法透過自己的努力晉升階級。而釋迦牟尼佛正是第一個主張打破這種不公平制度的人。

不少心力，深入研究。此外，他也花了許多力氣學習梵文，從玄奘留下的筆記看來，他的梵文造詣很高，不僅可看懂許多深奧的理論，甚至有能力參與辯論。我們想想，平時在課堂上，老師要求我們用國語來討論時，我們已經感到很不容易，何況玄奘是在外國的一流大學中，用外文來和外國人辯論呢！

玄奘在那爛陀寺整整待了五年，要離開的時候，他已經年近三十五。因為玄奘在印度的成就很高，曾被獻予一個尊貴的梵文稱號，叫「摩訶耶那提婆」，意思是「大乘天」。

事隔多年之後，玄奘早已回到大唐，那爛陀寺的人，卻還經常憶念著摩訶耶那提婆，這個來自遠方的偉大僧人。

揚名海外的大唐高僧

　　拜別正法藏及所有那爛陀寺的僧友之後，玄奘離開了那爛陀寺。如同之前一樣，他沿路不是到處參訪聖蹟，就是尋找隱居於各地的高僧大德，繼續他的求學之路。

　　例如，他聽說海的對岸有個師子國，師子國裡有精通三藏佛典的高僧，就到南印度的港口，四處詢問搭船的事。但在此時，玄奘在碼頭上看到三百多位來自師子國的僧侶，打算到印度尋找可供掛單的寺院，於是問他們說：「聽說貴國的高僧大德對於《瑜伽師地論》有很深的了解，我正想到貴國向這些高僧請教，不過，請問您們為什麼離開自己的國家呢？」

　　「自從我們國王過世之後，國家一片混亂，民不聊生。聽說

印度的人民豐衣足食，而且這裡又是佛陀生長的地方，有許多聖蹟可以朝拜，因此我們才飄洋過海來到這。而我國對佛法有深入研究的，就是我們，若您有任何問題，可直接與我們討論，不需搭船到師子國！」

玄奘聽到僧侶們這麼說，就向他們請教《瑜伽師地論》中的一些問題。但他們的說法，仍不出正法藏的見解，玄奘也就打消到師子國的想法了。既然不準備到師子國，玄奘就按照自己的原訂計畫，繼續在南印度各國參拜聖蹟，並四處尋訪高僧。

四年多之後，遊走各地求學的玄奘，又回到那爛陀寺，而此時的他，對佛學的了解，已遠超過剛到印度的時候。於是正法藏邀請玄奘，為大家講經。

這段時間，寺中正好也來了一位名叫師子光的修行人，在此

說法。但師子光除講授佛經的要義之外，還批評正法藏最為專精的《瑜伽師地論》。由於玄奘對於各種佛經都曾深入研究，於是他對師子光提出許多質疑，結果師子光果然招架不住，無法回應。

漸漸的，原本拜師子光為師的學僧們，都轉投到玄奘門下，玄奘還特別寫了《會宗論》這本書，來闡述經典的道理。正法藏和所有僧侶讀過《會宗論》之後，不僅非常同意玄奘的見解，也認為應該將這本書宣揚到全印度。

師子光看到這種情形，對自己的學藝不精感到非常羞愧，因而離開那爛陀寺。

又有一天，一個信奉快樂主義的外道＊，跑到那爛陀寺來下

＊外道　就是指信仰佛教以外宗教的人。

戰帖。他在白布上寫了四十條教義，並把白布掛在那爛陀寺的寺門上，說：「若有人可以反駁我寫的任何一條，我就把頭砍下來，向他謝罪！」

過了幾天，玄奘派他的侍者到寺門口，揭下所有白布，並把這些白布通通撕成碎片。外道看了生氣的指著侍者鼻子說：「你是誰？竟敢撕毀我寫的東西！」

侍者回答：「我是玄奘法師的侍者。」

這外道早就聽聞過玄奘的大名，因此心中也感到有些害怕。後來，玄奘請人把外道帶進寺內，當著正法藏和所有寺僧的面，將外道所寫的教義，一一駁斥。這個外道聽到自己所寫的教條被全部否定，卻什麼話都說不出來。

於是從座位上站起來，很羞愧的對玄奘說：「非常感謝法師的

教誨，我服輸了！依照我當初許下的承諾，我願意把頭砍下來，向您謝罪。」

玄奘趕緊站起來說：「我們佛門中人，是絕對不傷害人的。若您真覺得後悔，就請擔任我的侍者，跟著我一起學習吧！」

外道看玄奘這樣寬宏大量，十分驚訝，於是心甘情願的成為玄奘的侍者。所有人看到這樣的結局，對於玄奘的為人與學問，都更加尊敬。而玄奘對這位外道的不殺之恩，後來，竟成為他贏得一場大、小乘佛學辯論會的關鍵。

原來就在不久之前，摩揭陀國的戒日王經過烏荼國時，遇到許多信仰小乘佛教的僧侶，這些僧侶對於大乘佛教的教義非常反感，因此向信仰大乘佛教的戒日王提出公開辯論的要求。而烏荼國的一位高僧般若毱多，還寫過

一本叫《破大乘論》的書，想破解大乘佛法的經義，這本書在小乘佛教的信眾心中，一向被奉為寶典。因此小乘僧人一見到戒日王，就驕傲的對他說：「我們小乘佛教的教義，就像《破大乘論》中所說的那樣高深，這些觀點，任何信奉大乘的人，都不可能反駁！」

戒日王聽了回答：「大乘佛教精深博大，你們可能因為對大乘佛法沒有研究，才會以這麼狹窄的眼光來批評大乘佛學。」

「既然您這麼懷疑我們，何不派遣修學大乘佛法的高僧，來和我們辯論呢？」

「這有什麼困難！」戒日王回答得很有把握。

既然戒日王已接下小乘僧侶的戰帖，當天，他馬上命令侍者送信給那爛陀寺的正法藏，請正法藏務必挑選幾位對佛法有深入

研究的高僧，參加這場辯論。正法藏接到戒日王的來信之後，就立刻決定派遣玄奘、海慧等四位法師，參加這場大、小乘高僧的辯論會。

就在玄奘收服信仰快樂主義的外道後不久，這場辯論會即將展開。玄奘為了多了解小乘教義，特別找來《破大乘論》，好好研究一番。但玄奘將整本書讀過之後，發現仍有不了解的地方。於是他轉頭對外道說：「請問您以前曾聽別人講授過《破大乘論》嗎？」

「是的，我曾聽過五遍。」

「那真是太好了！是否可以請您講解給我聽呢？」

外道聽法師這麼一說，感到羞愧不已：「法師，我現在是您的侍者，怎麼有資格為您講解佛經呢？」

「請千萬別這麼說！對於小

乘佛法，我懂的相當有限，但這卻是您擅長的學問，若能由您為我授課，那真是再好不過了！」

「法師，您不因我的地位低下就輕視我的能力，我真的非常感激。既然您都已經開口，那我就義不容辭了。」

從這一天起，外道每天晚上都來陪玄奘為辯論會做最後準備，玄奘有了外道的幫助，對小乘佛法也有了更深入的認識。他洋洋灑灑寫下了《制惡見論》（又名《破惡見論》），也就是破解錯誤見解的理論，他打算透過《制惡見論》，來駁斥小乘佛法的見解。正法藏和所有那爛陀寺的寺僧讀過之後，都興奮的表示有了《制惡見論》，還怕辯輸那些小乘僧人嗎！

玄奘為了報答外道對他的幫助，就對著外道說:「您是個道德高尚的人，雖然當初輸給了我，

卻毫無怨言成為我的侍者，還如此誠心誠意幫助我，真令我非常感激！我想，從今天起您可以離開了，到任何您想去的地方去吧！」

這個外道聽到玄奘這麼說，心裡高興極了，於是他拜別玄奘，前往東印度的迦摩縷波國去覲見鳩摩羅王。外道見到鳩摩羅王之後，向他說了許多玄奘的事蹟以及他謙和仁愛的為人，鳩摩羅王因此對玄奘非常仰慕，迫不及待的派遣使者到那爛陀寺，想請玄奘前來作客。

這一年，玄奘已經三十九歲（640年），離開中國也有十三年了。他回想起過去的日子，為了完成心願，自己不僅違背大唐法令，偷渡出境，沿途的沙漠、冰雪覆蓋的高山以及兇惡的強盜，也都險些要了他的性命。最後他費盡千辛萬苦，終於到了印度，

並在印度四處訪師、學習。但轉眼，自己已從二十幾歲的年輕人，變成四十歲的中年人了。想到這段辛苦的求學之路，玄奘突然懷念起遠方的故鄉了：「離開中國這麼多年，當初我越過危險的西域，來到印度，為的就是研究佛陀遺教。今日，我對於大、小乘佛法以及外道的教義，已經有深入的了解，並且也收集許多中國本土沒有的經書。雖然我很喜歡這個佛陀生長的國度，但終究應該回到大唐，貢獻所學，這樣才不違背當初所立下的誓願！」

想到這兒，玄奘開始打包起行李，準備參加完辯論會之後，起身返國。

那爛陀寺的僧侶們，一聽到自己景仰的玄奘法師決定回國的消息，紛紛前來挽留，但都被玄奘婉拒。後來，大家看玄奘意志如此堅定，就去請求正法藏，請

他務必將玄奘留在印度。但正法藏了解玄奘的意願之後，不但沒有強留他，還鼓勵玄奘回到大唐，實踐自己的誓願。

兩天之後，玄奘也打包得差不多了，卻見到鳩摩羅王的使者來到那爛陀寺，帶來國王想邀請玄奘到迦摩縷波國的消息。正法藏考慮了一下，告訴使者說：「玄奘法師即將返回大唐，但在啟程之前，他必須參加一場佛法辯論會，因此，恐怕無法前往貴國了。」

使者回去報告鳩摩羅王之後，國王仍不死心，再一次遣人來邀請玄奘。沒想到，這次還是被正法藏回絕了。鳩摩羅王聽到又被拒絕的消息，氣得拍桌子大罵，並寫一封語帶威脅的信，讓使者告訴正法藏說，假使他仍堅決不讓玄奘到迦摩縷波國來，他會派遣大象軍隊將那爛陀寺踏為

平地。

正法藏收到鳩摩羅王的信之後，知道無論如何他是無法再拒絕了，就對玄奘說：「也許你和鳩摩羅王有很深的緣分，雖然鳩摩羅王並不信奉佛教，但或許你可以感化他，讓他成為一位有德行的好國王。」

就這樣，玄奘在使者的陪伴下，來到迦摩縷波國。遠遠的，他就看到鳩摩羅王率領眾臣和百姓站在城門下迎接的盛大隊伍。

接下來的一個多月，每天，他都為國王和臣子們講解佛經。鳩摩羅王深受感動之餘，請玄奘為他傳授五戒，成為一位正式的佛門弟子。

而摩揭陀國的戒日王，一聽到玄奘人在迦摩縷波國的消息，也馬上派遣使者到迦摩縷波國，請鳩摩羅王立刻將玄奘送到摩揭陀國。但鳩摩羅王卻生氣的對來

使大吼說：「若戒日王想要我的頭顱，我可以馬上給他！但如果是要玄奘法師的話，那是絕不可能的！」

這話傳回戒日王耳裡，他氣得直跺腳，心想，鳩摩羅王竟敢如此輕視我。於是又派了使者告訴鳩摩羅王說：「既然你說，如果要的是你的頭，馬上可以給我，那就請你立刻把頭交給我的使者，帶回摩揭陀國吧！」

鳩摩羅王一聽到國勢比自己強大的戒日王，為了玄奘竟說出這樣的話，嚇得趕緊派遣象軍，護送玄奘到戒日王的王宮，而鳩摩羅王也親自前來向戒日王道歉。兩國國王一見面，講起兩人對玄奘是如何如何的景仰之後，也就盡棄前嫌，把酒言歡了。

玄奘在戒日王的王宮中，受到非常熱情的接待。一日，戒日王想起辯論會的事，就問玄奘

說：「聽說法師您為了駁斥小乘佛法，特別寫了《制惡見論》，請問法師有帶在身邊嗎？」

玄奘一聽，立刻從隨身的包袱取出《制惡見論》，呈給戒日王。戒日王仔細閱讀之後，將《制惡見論》交給身邊的小乘僧侶傳閱，並高興的對著他們說：「你們不是對大乘佛法很有意見嗎？但玄奘法師的《制惡見論》裡，已經將小乘佛法的問題說得非常清楚，你們還有什麼要解釋的？」

站在一旁的小乘僧侶們，看到玄奘的佛學造詣如此精深，尤其他對小乘佛法的反駁實在極有道理，因此每個人都低著頭，說不出一句話來。

戒日王看到這種情形，知道先前約定的辯論會，玄奘已經不戰而勝了，就對他說：「弟子們對於法師的高論，都極為信服。但

弟子以為，印度各地仍有許多信奉外道或小乘佛法的人，我們應該讓他們了解大乘佛法的教義，以開解他們的疑惑。因此弟子有個想法，希望能在曲女城為法師舉辦一場盛大的法會，邀請各國高僧大德和外道的修行者，一同來聆聽法師說法。」

　　玄奘非常感謝戒日王護持佛法的心願，因此就答應了他的請求。戒日王立刻派遣使者前往印度各國頒發告示，請各門各派的修行者在十二月到曲女城來，聽玄奘講解《制惡見論》。

　　經過一些時日的準備，曲女城的法會終於要開始了！

　　由各地前來參與盛會的人，陸續抵達曲女城。來賓之中，包括十八個國家的國王，三千多位大、小乘僧侶，一千多位那爛陀寺的寺僧，以及兩千多位婆羅門教和外道的代表。若再加上跟隨

主人前來的大臣、侍從、坐騎等等，一時之間擁入曲女城的人，實在難以估算，而整個城市，也被他們擠得水洩不通，熱鬧滾滾。這些人在各個領域，可說都是相當博學而首屈一指的人才，由他們從四面八方趕來聽玄奘說法的情形，不難想像玄奘在印度人心中，可稱得上是一時之冠！

這場法會共為期十八天。每天清晨，戒日王和鳩摩羅王都將自己精心打扮成「帝釋天」和「大梵天」＊，他們頭戴花冠、手持法器，跟隨在兩頭滿載鮮花的大象後面，一路散花步行前往玄奘居住的行宮，去迎接玄奘。然後，玄奘和他的侍者們騎著大象，跟隨在戒日王和鳩摩羅王的後方，緩緩步向會場。整列隊伍兩旁，還有三百頭大象排成兩

＊帝釋天和大梵天　都是佛教中的護法神。

列，坐在上面的，都是各國國王、大臣和高僧等等，他們一路雙手合十，稱念佛號，護送玄奘的隊伍進入會場。

第一天開講的時候，玄奘坐在高大的寶座上，說明他寫《制惡見論》的宗旨，再由那爛陀寺的明賢法師，將《制惡見論》朗誦出來。戒日王為了讓所有人都可以讀到這篇精采的著作，還另外命人將《制惡見論》抄在大型看板上，懸掛於會場外面。

等明賢法師誦完《制惡見論》之後，玄奘隨即對大眾說：「只要有人能從《制惡見論》找到任何一點不合道理的地方，我就砍頭謝罪！」

但從第一天到整個會期結束，都沒人能反駁玄奘的論點，戒日王因此感到十分歡喜。而許多小乘信眾，因看到大乘佛法的博大精深，紛紛轉投到大乘佛教

門下；不少外道，也都放棄了自己原先的信仰，成為大乘佛法的追隨者。

看玄奘如此成功的表現及受眾人讚嘆不已的威德，戒日王和所有國王在法會結束的那一天，都準備了各種財寶要供養玄奘，卻被玄奘一一婉拒。戒日王看玄奘如此謹守分寸，也就不再為難他，但請玄奘務必遵循印度傳統，登上特別準備的象騎，繞曲女城一周，向所有人展示他的勝利。沒想到，玄奘仍然非常謙虛，不願以這麼炫耀的方式，展現自己的成就。

戒日王只好拿起玄奘的袈裟，對所有人說：「來自中國的玄奘法師，破解了小乘和外道的義理，為大乘佛法確立了權威。因此我現在宣布，玄奘法師的這場法會，為佛教歷史寫下無上光榮的一頁！」

　　所有人聽到戒日王這麼一說，立刻歡聲雷動，並爭相為玄奘獻上尊貴的名號。大乘佛教的教徒，為玄奘送上「摩訶耶那提婆」的稱號；小乘佛教的信徒則送上「木叉提婆」的稱號，也就是「解脫天」。不論大乘天或解脫天，都象徵著所有人對玄奘的禮敬與信服。

　　經過這次法會，玄奘在印度的聲望，也被推到了最高點。玄奘傑出的表現，間接使得他的祖國──大唐，也跟著揚名海外。就在這一年，戒日王派遣使者，準備了大批金銀財寶、印度特產，遠赴中國觀見朝貢。

　　法會結束的第二天，玄奘立刻收拾好自己的隨身衣物和要帶回中國的佛經、佛像，來到戒日王的行宮，向他辭別，戒日王非常不捨的挽留他。得到消息的鳩摩羅王，也迅速趕來請求玄奘不

要返回中國。後來兩人看玄奘如此堅決，只好祝他一路平安。

戒日王問玄奘說：「請問法師打算走哪條路回國呢？若要從南印度搭船，我們可以派人護送您回去。」

玄奘回答：「我從中國到印度來的路上，曾經過高昌國，那裡的國王信仰佛法，也曾給予我相當多的照顧和幫助。我離開高昌時，與他有過一個約定，就是回程時，必須再到高昌弘法，所以我仍打算照原路回去。」

其實玄奘這時還不知道，高昌在一年前才剛被唐太宗征服，成為中國領地，而高昌王也因為過度憂慮，病死於高昌滅亡之前。

「那麼，請問法師一路上需要多少盤纏和糧食呢？」

「非常感謝兩位的心意，但我真的什麼都不需要。」

　　玄奘臨行那天，前來為他送行的人馬，將道路兩旁擠得寸步難行。而戒日王、鳩摩羅王和大臣們所組成的長串隊伍，更陪著玄奘走了幾十里路，最後才依依不捨的揮一揮手，互道珍重。

告別師友負經返國

　　離開中國十幾年之後，玄奘終於要一踏上歸鄉的路了。

　　與玄奘同行的，除了七個僧侶、二十多個腳伕之外，還有一頭大象、十頭騾子和四匹馬，來幫他們背負行李。戒日王和鳩摩羅王為了玄奘的安全，還特別派遣四名官員隨行，護送他到大唐邊境。但玄奘為了避免一行人帶著大包小包的行李吸引盜賊的注意，請了一位僧侶走在隊伍前方，告訴他，若遇到盜賊就對盜賊們說：「我們是遠道來求法的出家人，身上帶的都是佛經、佛像

和舍利子等等，請大德您慈悲為
懷，護持我們，讓我們安全路過
此地吧！」

就這樣，雖然玄奘沿路仍遇
到許多強盜，但都安然過關。

走過不少國家之後，玄奘他
們終於到了印度河畔，並預備搭
船到對岸去。這一天，是個風和
日麗的好日子，大家心裡想，此
趟過河應該會順順利利吧！於是
在眾人分坐到幾艘船上之後，船
隻很快便開動了。

寬廣的河面，被太陽照得金
光閃閃，原本大家都帶著相當悠
閒的心情在欣賞印度河岸的景
色，但當大隊船隻行到河中央
時，忽然吹來一陣狂風，把整個
河面吹得波濤洶湧，所有人都嚇
得緊抓著船上的桅杆，不敢隨便
亂動。但這陣風實在太大了，所
有的船都被吹得搖晃不停，一艘
載著佛經和印度花果種子的船

隻，就這樣被打翻了。後來，雖然大部分的經書都給搶救回來，但玄奘這一趟還是損失了五十本佛經。至於那些種子，在泡水之後也帶不回中國了。

迦畢試國國王接到玄奘剛剛渡過印度河的消息，立刻帶著大隊人馬趕來迎接。一聽到玄奘翻船，就問玄奘說：「請問法師，打翻的那艘船除經書之外，是否也帶了印度當地的花果種子？」

「是的，我原想將這些奇花異木的種子帶回中國，讓中國的百姓也看看這些異國的東西，沒想到，全都翻落到河裡去了。」

迦畢試王聽了，摸摸鬍鬚說：「原來如此，這就難怪會翻船了。因為自古以來，凡是帶著印度種子打算渡過印度河的人，都會翻船。」

隨後，玄奘跟著迦畢試王來到迦畢試國的都城，打算休息一

些時日，再繼續前行。迦畢試王也特別安排了抄經人員，讓他們前往烏伏那國的佛寺，為玄奘補抄已經落了水的那些佛經。鄰近的國王聽到玄奘人在迦畢試國，也紛紛前來與玄奘拜別。經過二、三個月之後，玄奘準備得差不多了，在迦畢試王的祝福下，繼續踏上他的歸鄉之路。

　　他們一如來時越過長年冰凍、寸步難行的高山，也經過了許多國家，遇到不少舊識，而不論玄奘走到哪裡，都受到相當熱情的接待。這時候的玄奘，已經是整個印度和西域的名人，比起他到印度之前的聲名來說，實在差別很大。此外，玄奘對沿途所見的特殊景象，也感到非常有趣，他將異國的所見所聞，一一記錄在他的筆記之中。比方玄奘在蔥嶺的河谷，看到幾千萬種水中生物，以及一種身體相當高大

的鳥，這種鳥所生下的蛋，有水甕一般的大小，真是十分驚人！

玄奘在旅途上，終於聽說了高昌亡國的消息，他非常的震驚，一別高昌十幾年，高昌的改變這麼大，高昌王竟然也已辭世。他不禁感嘆，果真世事難料。高昌國既然已經不在，他也不須再繞道高昌，於是就直接往大唐的方向，繼續趕路。

經過一段時日之後，玄奘終於到了位於現在的塔里木盆地南邊，自古就以盛產美玉聞名的于闐國。玄奘到了這兒，一方面先派人到鄰近國家補抄落河遺失的佛經，另外，也趕忙寫一封信託人帶回大唐，呈給朝廷。玄奘在信中向朝廷報告，他就是十七年前為了到印度取經而偷渡出境的僧人玄奘，現在，他已成功取回經書，即將回到中國，希望皇上能夠原諒他，讓他返回故鄉。

　　信發出去之後，玄奘就在于闐等待消息，另外也為這裡的國王和僧侶講授《瑜伽師地論》、《俱舍論》等經典，每天前來聽講的，總有一千多人。

　　七、八個月之後，玄奘終於等到大唐朝廷的回音。使者帶來唐太宗的指示：「聽到玄奘法師經過重重障礙前往印度，到了今日即將學成歸國的消息，朕感到非常高興。希望你能夠立即回到大唐，與朕相見。若你在旅途中遇到懂得梵文又深解佛法義理的僧侶，也歡迎他們一起到中國來。朕已經讓使者通知沿途會經過的所有國家，請他們務必幫助你，提供一切需要的人力和物力，因此，你回到大唐來的這一段路，應該不會再遇到困難。另外，朕將會派遣官吏到流沙、沮沫兩地來迎接你。請法師盡速啟程吧！」

　　玄奘看完皇帝的敕令，內心

高興極了。歸心似箭的玄奘，趕忙收拾行李，向于闐國王辭行之後，立刻動身返回大唐。

不久，玄奘他們在路上遇到大唐派來迎接的軍隊。在軍隊的護送下，即使是越過險惡的莫賀延磧，也不再像啟程到印度去的時候那樣可怕了。

到了距離國界已經不遠的樓蘭，玄奘特地再寫一封信給皇帝，報告自己即將進入國境的消息。當時太宗正在洛陽的宮殿，他一接到玄奘的信，馬上命令大臣，準備派人迎接。而玄奘這邊，也聽說太宗即將率領大軍東征高麗，怕自己太晚回到長安，就無法見到太宗。於是日夜趕路，沒幾天，就抵達長安城邊了。

因為沒料到玄奘這麼早就抵達長安，官吏們根本來不及準備迎接玄奘的儀式。倒是住在長安

城邊的百姓，一聽到大名鼎鼎的玄奘已在附近，大批人馬紛紛擁到，希望能親眼見見這位傳說中的法師。而擁到城邊的百姓實在多得數不清，大批的人牆，擠得玄奘也無法繼續朝城裡前進，所以玄奘只好在長安城邊留住一晚，等待朝廷的進一步通知。

3 弘法輔國的
大唐三藏法師

隆重的歡迎儀式與唐太宗的支持

　　住在長安城邊的玄奘法師，趁著夜裡，到花園中散步。他抬頭，望著天上的一輪明月，心中真是百感交集。他對著自己說：「怎麼也沒想到，歷經十八年的辛苦歲月，我終於完成當年的誓願回到大唐，並且，竟能從當年的待罪之身，成為現在人人尊重的大唐高僧，這之間的變化那麼的大，真是令人感嘆啊！」

　　玄奘的感嘆，我們其實不難了解。因為任何一個人，從小到大經歷的所有事，往往只有自己最能體會，而像玄奘二十幾歲出關時，是在朝廷的追捕中偷渡出境，但四十幾歲回到大唐，朝廷卻以風光的儀式來迎接他，如此

不同的變化，大概玄奘當年也沒能想到。而如果玄奘沒有成功抵達印度，備受當地人讚譽，恐怕大唐朝廷還不准許他回到日夜想念的故鄉呢！不論如何，他總算是回來了！

　　為了歡迎玄奘，唐太宗特別命令宰相房玄齡、大將軍莫陳實以及長安縣令等人，前往迎接。他們特地準備了綴滿香花的車子，來運送玄奘從印度帶回來的佛經和佛像，並打算將這些珍貴的經、像放在長安城朱雀大街展示，之後再送到弘福寺裡存放。

　　從朱雀大街到弘福寺的路上，擠滿了前來歡迎玄奘的官員和百姓。他們手持鮮花、旗幡，將道路點綴得花花綠綠，好不熱鬧。而所有人雙手合掌，口誦菩薩聖號的景象，則將整個歡迎儀式，襯托得更為莊嚴隆重。因為擠到大街兩旁的人實在太多，官

府怕發生意外，特別命令所有人只能站在原地，不可隨便移動。雖然如此，人們為了爭相目睹玄奘的風采而萬頭攢動的景象，還是非常令人嘆為觀止。

過了幾天，玄奘來到洛陽宮觀見太宗皇帝。太宗一見到玄奘，就高興的對他說：「法師，一路辛苦了！朕總算等到你了！這一趟路來回十幾年，想必一定遭遇許多困難，真不知你是如何安然抵達印度的？沿途也見到許多異國的風土民情吧！那又是怎樣的情形？是否可說給朕聽聽？」

玄奘於是將自己如何偷渡，如何越過莫賀延磧，如何躲過外道的殺害，以及如何歷盡千辛萬苦到達印度的過程，一一向太宗說明。並且將自己在各地所見的奇風異俗向唐太宗報告。

太宗聽到這麼多有趣的事情之後，向玄奘提了一個建議說：

「在歷史上，能夠像法師這樣穿越西域遠赴印度的人，屈指可數，而對大唐來說，也是絕無僅有的。朕聽你講了那麼多千奇百怪的事，真是大開眼界！因此朕有個想法，不如你找個時間，把親自經歷的事情寫成一部遊記，這樣，就可讓大唐子民多了解一些異國的國情民風、物產氣候，以增廣見聞。法師，你看如何？」

「感謝聖上，玄奘遵命。」

太宗看著眼前這位儀表出眾、談吐不凡的出家人，散發出一股足以擔任國家大事的氣魄，心想：「這樣的人才待在佛門實在太可惜了！」因此又對玄奘說：「法師，朕看你學養豐富，深有遠見，不知你是否願意輔佐朕，治理國事呢？」

玄奘沒想到太宗竟如此器重自己，趕忙起身謝恩說：「陛下，您實在太過獎了。玄奘自幼出

家，懂的都是佛學上的東西，怎麼有治國的才能？並且玄奘不才，好不容易在佛學研究上有一點成績，倘若您要我現在還俗，轉換到政治領域上，恐怕我會讓您失望的。還請陛下體察玄奘的心願，讓我透過弘揚佛法來報效國家吧！」

太宗看玄奘如此謙虛，也就不再勉強他。三年後，太宗又再一次對玄奘提起此事，但玄奘還是婉拒了。

當唐太宗與玄奘會談的時候，正是太宗即將東征高麗、所有軍隊正向洛陽集中待命的時刻。雖然國事緊急，太宗仍在百忙之中抽空與玄奘晤談，因兩人極為投機，不知不覺就到了太陽要下山的時候了。太宗原想請玄奘和他一起到高麗去，路上還可繼續他們的話題，但一方面因玄奘才剛回國，身體不太舒服，另

一方面是因為佛門中人有不得觀看作戰場面的戒律，因此玄奘推辭了太宗的邀請。

玄奘還利用機會向太宗提出協助翻譯佛經的請求。因玄奘此次帶回來的六百多部梵文佛經，都必須翻譯成漢文，玄奘希望太宗能在物力、人力上，給他一些幫助。沒想到，太宗一口氣答應下來，不僅指定弘福寺為玄奘的譯經場所，還交代房玄齡協助提供一切需求。

獲得太宗支持的玄奘，心裡實在萬分高興。他辭別太宗之後，立刻返回長安，著手準備建立譯場。

從這次見面之後，唐太宗對玄奘產生了深厚的信賴感，不僅將玄奘視為心腹重臣、知己好友，經常邀他到宮裡談佛論法、談天說地，也時常向玄奘請教治理國家的意見，而這個時候的玄

奘，總以佛家強調的智慧心和慈悲心，來鼓勵太宗做一位仁慈的君王。太宗晚年，身體變得越來越衰弱，對於佛法也越來越喜歡，玄奘經常對太宗講解佛法，來安撫太宗鬱悶的心情與身體的病痛。甚至太宗於貞觀二十三年（649年）過世時，也是由玄奘陪伴在側。君臣兩人的情誼深厚，由此可見一斑。

除了太宗的欽慕之外，繼承太宗登上王位的唐高宗李治，對玄奘也非常恭敬。高宗不但請玄奘到他為母親所修建的大慈恩寺，主持大小事務，對玄奘弘揚佛法的心願，也非常支持。甚至高宗的皇后武則天，以及她所生的皇子，都是由玄奘為他們親授皈依儀式。依此來看，玄奘在唐朝王室成員心中的地位，實在無人能及！

翻譯佛經與《大唐西域記》的完成

在太宗的首肯之下，玄奘於貞觀十九年（645 年），在弘福寺開始組織譯場。

首先，玄奘先尋求翻譯佛經所需要的四種人才，即考證釋文的「證義」、潤飾文字的「綴文」、負責記錄的「筆受」與負責抄寫的「書手」。約三個月後，他從全國各地找來了擔任「證義」的十二位高僧，負責「綴文」的九位大德，另外，如「筆受」、「書手」等其他所需的人力、物力，也在不久後全部備齊。這些人，可都是全國佛教界的一時之選，他們擔負了佛法宣傳者的角色，因為他們是第一個聽聞玄奘講授梵文佛經的人，以後，就要靠他們到各地去，為所有人傳授這些經典的義理了。

人才報到之後，玄奘隨即展

開他的譯經工作。玄奘的翻譯方式，是由他擔任梵文原典的主譯，每一段經文，先由他將梵文翻成中文後唸出，由筆受記錄下來。筆受的初稿完成後，再送到綴文那兒，由綴文將翻譯的文字潤飾得更為通順，之後再由證義，進行考定譯文的工作。但綴文和證義往往會反覆交叉修正，使佛經的翻譯，達到最精善的地步。最後，還必須經過一次梵文原文與中文翻譯的縝密校對，才算大功告成。

玄奘所組織的譯場中，最特別的，就是由他本人擔任主譯的這件事，因為在中國擔任主譯的佛學大師，大多是印度或西域來華的高僧，像玄奘這樣可擔任主譯的中國高僧，在歷史上少之又少，可見玄奘的佛學造詣，在當時是首屈一指的。

玄奘回國後，首度翻譯的四

部佛經，分別為《菩薩藏經》、《佛地經》、《六門陀羅尼經》和《顯揚聖教論》。貞觀二十年，玄奘又接著翻譯《阿毗達摩雜集論》、《瑜伽師地論》兩部佛經。而《瑜伽師地論》，這部玄奘特別到那爛陀寺向正法藏學習的經典，也終於在兩年後完成，共譯出了一百卷。

貞觀二十二年，太宗親自翻閱《瑜伽師地論》，他對這部經典的內容非常喜歡，於是命人將這部佛經連同譯好的其他經典，重新謄抄之後，送到大唐的九個州縣，讓玄奘的貢獻，可快速流傳於大唐境內，所有臣民百姓，也都可盡速讀到這些佛經。玄奘眼看著自己小時候發下「光大佛法」的宏願就要實現，內心實在百感交集！

在玄奘的請求下，唐太宗於百忙中特別為這些經典撰寫序

文，這就是史上有名的〈大唐三藏聖教序〉。太宗完成的那一天，特別接見玄奘和文武百官，並由學士上官儀將這篇〈大唐三藏聖教序〉朗誦給群臣聽。玄奘在這一天所獲得的無上光榮，於佛教史上真是空前絕後！而太子李治，也就是後來的唐高宗，在讀了太宗的〈大唐三藏聖教序〉後，也立刻寫了一篇〈述三藏聖教序記〉，來讚揚佛法和玄奘。由此足見兩位皇帝對玄奘的欣賞與推崇！

太宗的〈大唐三藏聖教序〉和高宗的〈述三藏聖教序記〉，在不久之後，由弘福寺的懷仁法師將兩文刻在石碑上，以流傳後世。懷仁收集唐太宗最景仰的晉朝書法家王羲之的所有字帖，從中選出兩篇序文中的字，一個個把它們組織成整篇文章，再將這兩篇「集字」而成的文章，刻在

石碑上，供後人閱覽。這石碑也就是藝術史上非常著名的〈集字聖教序〉。

玄奘為了珍惜有限的生命，經常連夜進行翻譯工作，這樣的工作方式，整整維持了十八年，直到他在唐高宗麟德元年（664年）過世為止。而佛經的翻譯譯場除弘福寺之外，後來也曾移到隸屬於宮廷的弘法院、凝陰殿院、積翠宮等地，或長安附近的大慈恩寺、玉華寺等等。這些寺院，都與宮廷、皇室關係密切，可說是地位相當崇高的佛寺。

另外，玄奘為了存藏他從印度帶回來的佛經，在唐高宗永徽三年（652年），也就是他五十一歲的那年，在慈恩寺建造了「大雁塔」，作為藏經的地方。佛塔蓋好之後，他特別在塔邊豎立了兩塊石碑，上面刻著當時的宰相，也就是唐代有名的書法家褚遂良

所寫的〈大唐三藏聖教序〉與〈述三藏聖教序記〉兩篇書法作品，這為玄奘更增添無上光榮。

玄奘返回中國之後的十八年，所有的心力，幾乎都投注在佛經的翻譯上，由於他的努力與付出，共譯出了七十五部佛經，總計一千三百四十一卷＊。這個數量比起以前高僧所翻譯的佛經總數，遠遠超出許多＊。而玄奘所翻譯的佛經品質也非常精良，不但保持了梵文原典的意義，也透過中文將佛經的內容修飾得更具可讀性。另外，除了我們之前所說的《瑜伽師地論》之外，玄奘

放大鏡

＊關於玄奘所譯經典總數有多種說法，但大致皆在七十四、七十五部，一千三百三十五至一千三百五十卷之間。此處正文所引用出處，為玄奘過世不久後，即完成的〈大唐故三藏玄奘法師行狀〉。

＊除玄奘之外，中國歷史上曾出現過幾位重要的佛經翻譯家，例如西元6世紀的鳩摩羅什、真諦和唐代的義淨等。但這些法師所譯出的經典卷數，總共大約一千二百六十二卷，比起玄奘一人所完成的數量，還差了將近八十卷。

奘所翻譯的還包括《心經》、《金剛經》、《大般若經》等知名典籍。這些經典，對於佛教得以在中國發揚光大、普及人心，具有重要貢獻，而這何嘗不是玄奘一生最大的心願！

除了翻譯佛經之外，玄奘回國時曾答應太宗將自己的西行遊歷寫成一本書。於是他利用譯經的空餘時間，整理好自己的西行筆記，並請擔任綴文的辯機法師，在他的口述之下，完成全書。經過玄奘與辯機二人合力，終於在貞觀二十年七月，完成了《大唐西域記》。唐太宗非常嘉許，還特別寫信告訴玄奘，他會親自閱讀這本著作。

《大唐西域記》共有十二卷，內容包含西域、印度等一百三十八國的歷史、地理、人文、風土、傳說等。其中一百一十個國家，是玄奘親自走過的，另外

二十八國，則是他在西行途中所聽聞的。這本書的重要性，除了為唐太宗——這個一直想把西域納入中國版圖的皇帝——提供許多情報之外，對於21世紀的我們，也具有相當的參考價值。因為在這部書中，玄奘對西元7世紀時西域、中亞、印度的史地資料以及中西交通的往來狀況，都做了詳細的紀錄。這些紀錄，頗為精確，連20世紀初的歐美、日本考古學家，也在玄奘的幫助之下，挖出許多古代遺址。

如果有一天，你到印度或中東去旅行，或許可以帶著玄奘法師的《大唐西域記》，看看能不能透過這本書，找到一千三百多年前玄奘法師所經過的地方。但更令人期待的是，搞不好你會挖到什麼驚人的寶藏也說不定！這大概是終身奉獻於佛學研究的玄奘法師在寫《大唐西域記》時，萬

萬沒有想到的吧！

　　玄奘法師對於翻譯佛經和撰寫《大唐西域記》的貢獻，在歷史上早已獲得無數好評。但除了這些之外，他也曾在貞觀二十一年，奉命將老子的《道德經》譯成梵文，送到東印度。而不論是玄奘法師將梵文佛經翻譯成中文，或是將中文道家經典翻譯成梵文，都是一種國際間的文化交流。這不僅對於光大佛法有很大的幫助，對於宣揚中華文化，也具有相當重要的意義。就此來說，玄奘不僅是一位虔誠求法的佛教高僧，更是一位勇於冒險的旅行家和文學家。

玄奘法師的晚年

　　玄奘法師遠赴西域、印度求法的旅途，曾數次攀越冰凍寒冷的高山，而回到中國之後，他因此罹患「冷病」，也就是一種呼

吸器官的疾病。這種冷病每次發作時，心臟都十分疼痛，好幾年以來，玄奘都必須依靠藥物控制，才得以安然度過。但高宗顯慶元年（656年）夏天，玄奘的冷病又犯了，這次病得非常嚴重，全國百姓知道之後，都非常擔憂。高宗還為此特別派遣全國最權威的大夫，用最好的藥物，來照顧玄奘。過了一段時間，玄奘總算脫離險境，但從此以後，他的身體也大不如前了。

第二年，玄奘趁著自己身體恢復得差不多的時候，向高宗表明想回故鄉掃墓、探親的願望，高宗特別恩准他離開長安，返鄉探親。

玄奘自十三歲離家之後，已經有三、四十年未曾回到故鄉，因此一路上，他的心情顯得既高興又難過。玄奘高興的是，自己終於可以回去祭拜父母，向他們

報告自己的努力與成就；難過的卻是，自己的親人大多已經過世，唯一還留在世間的，就只剩下一位姐姐了。

就這樣，帶著悲欣交集的心情，玄奘回到了故鄉。

當玄奘見到幾十年不見的姐姐時，兩人都難過得掉下淚來，畢竟經過這麼多年還能相見，實在太不容易了。後來，玄奘在姐姐的帶領下，找到了父母的墳墓。他一到墳前，立刻雙腳跪地，淚流滿面。跪在墳前的玄奘，想到父母過世時他只是個十三歲的小孩，如今，卻已經年過半百。他不僅在父母過世之前沒有能力奉養父母，在父母過世之後，又遠赴國外，幾十年來都無法親自掃墓。想到這兒，他在心裡暗自對父母說：「爹、娘，孩兒真是不孝啊！」

但其實，玄奘自幼父母雙

亡，作為一個沒有父母照顧的小孩，他的心酸，又有誰能了解？《孝經》中有句話說：「立身行道，揚名於後世，以顯父母，孝之終也。」說的就是，能夠顯揚父母，也是克盡孝道的一種方式。玄奘今日回鄉省親，可不是載譽榮歸？他在王公貴族面前所受到的尊敬，以及在天下人心目中的地位，普天之下，根本無人能比。因此玄奘其實是以他自己的努力不懈與功成名就，來報答父母的養育之恩，誰又能說他不是個孝子呢？

　　玄奘看到父母的墳墓年久失修又無人照料，早已長滿雜草，於是奏請高宗，請高宗准許他將父母遷葬到其他地方。高宗接到玄奘的請求後，深受玄奘孝心的感動，不僅命令下屬從旁協助，所有費用也都由國庫支出。玄奘看到父母受到如此的禮遇與尊

崇，心想：「爹娘總算可以含笑九泉了。」

　　玄奘料理完父母後事，告別了唯一的姐姐之後，又回到長安。但或許是年紀大了，他深怕自己無法在有生之年，將所有從印度帶回來的佛經全部譯完，因此幾乎是不休息的日夜趕工。高宗看玄奘如此不眠不休的工作，非常擔心他的身體，經常讓御醫去探視玄奘的病情，有時候，也將玄奘接進宮裡，好好供養他，讓他可以靜養一下。

　　三年之後，也就是唐高宗顯慶五年（660年），玄奘已經是個五十九歲的老法師了。他開始進行他這一生中最後一部佛經的翻譯，這就是佛門中極為有名的《大般若經》。由於這部佛經的內容非常浩瀚，玄奘在翻譯期間，經常擔心自己來不及譯完，就離開人世。所幸，花了三年時

間，玄奘終於完成六百卷的《大般若經》。但隨著這部佛經的完成，玄奘發現自己的體力已大不如前，實在無法支撐他繼續翻譯佛經的工作了。

有一天，他把弟子們找來，對著他們交代後事，說：「我來到玉華寺，就是為了翻譯《大般若經》，現在事情既然已經完成，我的生命，也即將走到盡頭。當我死的時候，請大家不要鋪張浪費，只要用草蓆將我包好，埋在山中安靜的地方就可以了。千萬不要距離皇宮太近，這樣對聖上太不敬了。」

所有的弟子聽玄奘這麼一說，全都難過得流下淚來。

第二年（664年）過年之後，不少大德與玉華寺的僧人，都來勸請玄奘繼續主譯《大寶積經》。玄奘看大家如此誠懇，也不好拒絕大家的好意，只得提起筆來，

勉強翻譯了幾行字，隨即又將梵文佛經給收了起來，不再繼續。大家看著玄奘，心中隱隱有種不祥的感覺。

玄奘抬頭看看大家，對所有人說：「我知道自己的生命有限，恐怕離死期已經不遠，因此，我是無法繼續從事翻譯的工作了。現在，我只想去禮佛，感謝祂們對我這一生的保佑與照顧。」

所有人聽到老法師所講的話，都默默的哽咽不語。大家一面陪著玄奘去禮佛，一面暗自擦著眼淚。一想到這麼德高望重的師父即將離開人世，所有人都難過得說不出話來。

過沒幾天，玄奘法師不小心跌了一跤，之後就再也無法起身。大約又過了一個月，玄奘終於帶著非常安詳的心境，以佛陀涅槃時的睡姿，靜靜離開人世，享年六十三歲。

　　玄奘圓寂的消息立刻傳遍全國各地，大家都難過不已。而消息一傳到高宗耳中，高宗更是大聲痛哭說：「朕喪失一個國寶了！」

　　玄奘的葬禮，非常的隆重莊嚴。他的弟子們用竹子、蘆葦編成的車子，將他的靈柩送回慈恩寺。每天前來慈恩寺弔唁玄奘的人，都有好幾千人，到了出殯那一天，更有一百多萬人前來送行。當天晚上留在墓地守靈過夜的，也有三萬多人。場面之浩大，真是佛教史上絕無僅有。

　　玄奘原本被安葬於長安城東的白鹿原，但後來因皇帝每從宮中眺望白鹿原，總因為思念玄奘，悲從中來。於是五年之後，朝廷將玄奘遷葬到距離長安較遠的樊川北原，並建造佛塔，來紀念這位人品高潔、貢獻宏偉的玄奘法師。

　　玄奘過世之後，弟子慧立和

彥悰兩人，特別撰寫《大唐大慈恩寺三藏法師傳》，以緬懷恩師。而這本書，除了中文版本之外，在日本、高麗，甚至西域的維吾爾地區，也都留下了翻譯本。

雖然玄奘已長眠地下，但他留給世人的，卻是無限的景仰與懷念。

老法師的貢獻

玄奘法師雖被視為中國「法相宗」的始祖，可是他在世的時候，並沒有特別為佛門開宗立派。他的譯場，倒是培育了不少佛學人才，這些弟子繼承了他的遺志與專精的學問，為光大佛教貢獻許多心力，例如有「三車法師」之稱的窺基法師，就是其中一位代表。

回想玄奘一生，不僅不辭勞苦遠赴印度取經，回國後，還全

力投入譯經工作，努力度化許多僧人，培育無數佛門精英。而對於帝王的施政方針，他也盡力給予建議和輔助。另外，唐太宗和唐高宗供養給玄奘的金錢財物，他全部用來救濟貧民百姓，照顧來自外國的僧人，或用來修建佛塔、佛像，就是沒有任何一點留給自己花用。今日看來，像玄奘這樣鍥而不捨追尋自己的生命目標，不浪費光陰，不懼怕困難的人，實在少之又少，但也因此，他才能擁有一個這麼傳奇而令人敬佩的人生！

玄奘小時候，所許下「繼承佛陀遺學，將佛法發揚光大，救助世人」的宏願，果真在他的努力之下，全然實現！

602 年	誕生。
614 年	由國家為他剃度，成為小沙彌，法號玄奘。
622 年	接受「具足戒」，成為一位正式的出家比丘。
627 年	集合了一群人，向朝廷表達希望前往西方求學取經的想法，但朝廷不許。8 月，偷偷從長安出發，前往西域。
630 年	抵達高昌國，後從此國出發，經過了一段旅程，抵達今日阿富汗境內的迦畢試國。
631 年	抵達北印度。
636 年	留學那爛陀寺，當時印度最大的佛教大學，也是玄奘此行最重要的目的地。
641 年	戒日王在曲女城為玄奘舉辦一場法會，盛況空前。後玄奘啟程返國。

645 年	回到長安，在太宗的支持下，展開佛經的翻譯工作。玄奘回國後，首度翻譯的四部佛經，分別為《菩薩藏經》、《佛地經》、《六門陀羅尼經》和《顯揚聖教論》。這些經典在此年年底，全數翻譯完畢。
646 年	玄奘接著翻譯《阿毗達摩雜集論》、《瑜伽師地論》兩部佛經，此年並撰成《大唐西域記》。
647 年	奉命將老子的《道德經》譯成梵文，送至東印度。
648 年	譯畢《瑜伽師地論》一百卷。太宗撰成序文〈大唐三藏聖教序〉。
656 年	因病一時危篤，後病癒。
660 年	開始進行這一生中最後一部佛經《大般若經》的翻譯，花了三年時間終於完成。
664 年	於玉華寺入寂。

獻給孩子們的禮物

「世紀人物100」

訴說一百位中外人物的故事

是三民書局獻給孩子們最好的禮物！

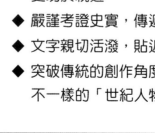

◆ 不刻意美化、神化傳主，使「世紀人物」
　更易於親近。

◆ 嚴謹考證史實，傳遞最正確的資訊。

◆ 文字親切活潑，貼近孩子們的語言。

◆ 突破傳統的創作角度切入，讓孩子們認識
　不一樣的「世紀人物」。

藝術家系列

榮獲2002年
兒童及少年讀物類金鼎獎

第四屆
人文類小太陽獎

~帶領孩子親近二十位藝術巨匠的心靈點滴~

喬 托	達文西	米開蘭基羅	拉斐爾
拉突爾	林布蘭	維梅爾	米 勒
狄 嘉	塞 尚	羅 丹	莫 內
盧 梭	高 更	梵 谷	孟 克
羅特列克	康丁斯基	蒙德里安	克 利

兒童文學叢書

童話小天地

童話的迷人，

正是在那可以幻想也可以真實的無限空間，

從閱讀中也為心靈加上了翅膀，可以海闊天空遨遊。

這一套童話的作者不僅對兒童文學學有專精，

更關心下一代的教育，

出版與寫作的共同理想都是為了孩子，

希望能讓孩子們在愉快中學習，

在自由自在中發展出內在的潛力。

—— 简宛（名作家暨「兒童文學叢書」主編）

丁伶郎　奇奇的磁鐵鞋　九重葛笑了　智慧市的糊塗市民
屋頂上的祕密　石頭不見了　奇妙的紫貝殼　銀毛與斑斑
小黑兔　大野狼阿公　大海的呼喚　土撥鼠的春天
「灰姑娘」鞋店　無賴變王子　愛咪與愛米麗　細胞歷險記

國家圖書館出版品預行編目資料

佛門千里馬：玄奘 / 盧宣妃著;程剛繪.－－初版三刷.
－－臺北市：三民，2018
　　面；　公分.－－(兒童文學叢書／世紀人物100)

ISBN 978-957-14-4695-0　(平裝)

1.(唐)釋玄奘－傳記－通俗作品

229.34　　　　　　　　　　　　　　　95026089

© 　佛門千里馬：玄奘

著 作 人	盧宣妃
主　　編	簡　宛
繪　　者	程　剛
發 行 人	劉振強
著作財產權人	三民書局股份有限公司
發 行 所	三民書局股份有限公司
	地址　臺北市復興北路386號
	電話　(02)25006600
	郵撥帳號　0009998-5
門 市 部	(復北店)臺北市復興北路386號
	(重南店)臺北市重慶南路一段61號
出版日期	初版一刷　2007年1月
	初版三刷　2018年4月修正
編　　號	S 781370

行政院新聞局登記證局版臺業字第○二○○號

有著作權‧不准侵害

ISBN　978-957-14-4695-0　（平裝）

http://www.sanmin.com.tw　三民網路書店
※本書如有缺頁、破損或裝訂錯誤，請寄回本公司更換。